el futuro no es lo que era
una conversación

Felipe
González
Juan Luis **Cebrián**

el futuro no es
lo que era
una conversación

AGUILAR

© Felipe González, 2001
© Juan Luis Cebrián, 2001

© De esta edición:
   2001, Grupo Santillana de Ediciones, S. A.
   Torrelaguna, 60. 28043 Madrid
   Teléfono 91 744 90 60
   Telefax 91 744 90 93

• Aguilar, Altea, Taurus, Alfaguara, S. A.
  Beazley 3860. 1437 Buenos Aires
• Aguilar, Altea, Taurus, Alfaguara, S. A. de C. V.
  Avda. Universidad, 767, Col. del Valle,
  México, D. F. C. P. 03100
• Ediciones Santillana, S. A.
  Calle 80 Nº 10-23
  Bogotá, Colombia

Diseño de cubierta: Manuel Estrada
Fotografías de cubierta: Pablo Juliá

Primera edición: septiembre 2001
Octava edición: diciembre 2001

ISBN: 84-03-09272-5
Depósito legal: M-52.796-2001
Impreso en España por Mateu Cromo, S. A.
(Pinto, Madrid)

Todos los derechos reservados. Esta publicación no puede
ser reproducida, ni en todo ni en parte, ni registrada en o
transmitida por, un sistema de recuperación de información,
en ninguna forma ni por ningún medio, sea mecánico, foto-
químico, electrónico, magnético, electroóptico, por fotoco-
pia, o cualquier otro, sin el permiso previo por escrito de la
editorial.

Índice

La conversación de El Obispo,
por Juan Luis Cebrián... 9

I. Un pacto republicano en torno a la monarquía... 21
II. El viaje de ida y vuelta de los poderes fácticos 87
III. Europa, cruce de caminos 133
IV. La globalización y la revolución tecnológica 173

Un estrambote de terror 235

Bajo la conmoción,
por Felipe González... 249

La conversación de El Obispo,
por Juan Luis Cebrián

Conocí a Felipe González en las postrimerías del franquismo, cuando él desempeñaba las responsabilidades de secretario general del Partido Socialista Obrero Español en la clandestinidad, bajo el nombre de guerra de *Isidoro*, y yo andaba empeñado en los preparativos de la aparición de *El País*. En aquella época, la política ocupaba un papel central en las preocupaciones domésticas de los españoles. Hacía poco más de un año que ETA había asesinado al almirante Carrero Blanco, presidente del Gobierno de la dictadura, y desde entonces ésta se debatía entre estertores de supervivencia casi idénticos a los que marcaron la agonía del Generalísimo.

Felipe González y yo pertenecemos a una misma generación: la de la década de los sesenta, que se formó intelectualmente al socaire del desarrollo económico español, en un momento de grandes transformaciones culturales de las sociedades de Occidente. El decenio se inauguró con la victoria de Fidel Castro en Cuba, el Concilio Vaticano II, la eclosión del proceso descolonizador en África, la primera intervención americana en Vietnam y, al poco, el asesinato del presidente John F. Kennedy en Dallas. Fueron años de enorme efervescencia ideológica, en los que la escena política mundial estaba dominada por personalidades tan potentes como las citadas, a las que sería preciso añadir otras de semejante o mayor talla, como el papa Juan XXIII, el primer secretario del PCUS, Nikita Jruschof, Mao en China, o el general De Gaulle en Francia, para no mencionar el valor mítico, e iconográfico, del Che Guevara, cuya efigie se encaramó a la cabecera de la cama de millones de jóvenes en todo el mundo. En la cultura brillaban todavía las estrellas de Sartre y Russell, junto a luceros fugaces cuya importancia fue excepcional en la época (Marcuse); eran también los años del *boom* latinoamericano en la literatura hispánica, mientras se inauguraban los movimientos *beatnik* y *hippie* y los Beatles arrasaban en el mercado con un nuevo concepto de música popular. El régimen castrista había suscitado enormes esperanzas de renovación en la izquierda europea, que acabaron por derrumbarse con la invasión soviética de Checoslovaquia en 1968, pero la actitud decidida del buen papa Juan y de su sucesor, Pablo VI, impulsaron el diálogo cristiano-marxista, en un intento de deshielo de la guerra fría y en medio de sucesos como las protestas por la escalada estadounidense en el sureste asiático, las revoluciones estudiantiles en Berlín, Berkeley o la Sorbona, la invención de la píldora anticonceptiva, y la popularización de la minifalda. En el escenario español, estas convulsiones históricas llegaban amortiguadas por la censura y el temor de los ciudadanos a la represión del régimen, más dulcificado gracias al turismo, a la prosperidad económica y a sus demandas para integrarse en el Mercado Común Europeo, pero todavía lo suficientemente rígido y autoritario como para fusilar al líder comunista Julián Grimau, enviar a la cárcel a cientos de sindicalistas afiliados a Comisiones Obreras, o decretar penas de destierro, con alguna periodicidad, contra intelectuales, periodistas y profesionales que hacían pública su disidencia. Éste es el ambiente en el que se educó la gran parte de quienes, quince o veinte años más tarde, protagonizaron las transformaciones sociales y políticas que permitieron construir en España una democracia estable de corte occidental y que constituyen, por así decirlo, la generación de la transición, en la que nos incluimos, desde luego, los protagonistas del diálogo que recoge este libro.

Pongo de relieve semejantes circunstancias porque entiendo que la comprensión cabal de nuestras opiniones, nuestras decepciones y nuestras esperanzas, sólo puede hacerse desde la interpretación de nuestra condición de miembros de una generación puente que ha ocupado, durante mucho tiempo, la escena y que, por razones biológicas, se resiste a una jubilación temprana. Los jóvenes de los sesenta éramos los hijos de quienes hicieron la guerra civil, en cuya memoria persistente fuimos ilustrados por la dictadura. Ésta había practicado, tras la contienda, una persecución inhumana e infame contra quienes la perdieron («una auténtica limpieza étnica», según la describe Felipe González), de modo que la democracia llegaba como la oportunidad histórica de reconciliación entre vencedores y vencidos. La muerte de Franco abrió unos espacios de oportunidad y miedo que fueron aprovechados por los españoles para incorporarse al tren de las naciones avanzadas y para restañar las heridas históricas de su enfrentamiento fratricida. Todo eso se hizo bajo el amparo de la corona en un país que había abominado, por la derecha y por la izquierda, de los Borbones, y al hilo de un debate permanente y temperado que avalaba el consenso en la toma de decisiones.

La llegada al poder de Felipe González y el partido socialista constituyó, en su día, la culminación de las esperanzas de la generación de los sesenta, después de que el camino reformista intentado por Suárez desembocara en contradicciones insoportables para la derecha, heredera del franquismo, y en la intentona frustrada del golpe militar del 23 de febrero de 1981. Los millones de votos que el PSOE recogió, en su primera victoria electoral, respondían no tanto al programa de la izquierda como al decidido propósito de la población de cerrar el paso a los militares en sus incursiones políticas y consolidar el todavía frágil proceso democrático. Los casi catorce años que estuvo González en el poder —al margen de cualquier otra consideración— constituyen una etapa de normalización en la que desaparece el problema militar, se consigue la incorporación de España a las instituciones europeas, se moderniza el aparato productivo y se reconduce al país por la senda del desarrollo.

Había una coincidencia objetiva entre la andadura de los votantes socialistas y muchos lectores de *El País*: era primordialmente generacional, y bebía con abundancia de la tradición cultural de la década de los sesenta. Estas afinidades no se referían sólo a mi periódico, sino a otros medios de comunicación y a distintos círculos de influencia ilusionados con el cambio que los socialistas prometían, al que el propio González había definido con una expresión absolutamente pragmática. «El cambio —dijo en Televisión Española— es que España funcione». El PSOE ya había tenido una experiencia de ocupación de poder político en la transición, gracias al pacto de los partidos de izquierda para los municipios, pero su llegada a las responsabilidades del Estado cambiaron, sustancialmente, la actitud psicológica de muchos de sus dirigentes y las relaciones con lo que podríamos definir como su entorno natural. Gran parte de la culpa la tuvo el asunto de la permanencia de España en la OTAN, sobre la que el propio González dijo una cosa y la contraria en el transcurso de pocos meses. Sin embargo, el fenómeno del GAL, cuando se produjo, apenas levantó protestas en los medios de comunicación ni en la sociedad, que veía entonces con buenos ojos la aplicación del ojo por ojo a los terroristas etarras. Sin duda eso se debía, también, al contexto en que se desarrollaban los acontecimientos, lo mismo que ahora hay tantas voces que reclaman venganza contra la ofensiva de terror del fundamentalismo islámico. Pero, de hecho, el único diario nacional que protestó abiertamente, con contundente insistencia, por las prácticas de la guerra sucia y la política antiterrorista de José Barrionuevo fue *El País*, lo que entre otras cosas me valió un sonado proceso incoado por el propio ministro del Interior. No fue hasta la aparición de los primeros síntomas de corrupción, encarnados por un personaje tan pintoresco como el hermano de Alfonso Guerra, cuando comenzó a observarse un divorcio considerable entre las bases electorales y los dirigentes del Gobierno. La derecha, que después de la destrucción de UCD se había reagrupado en torno al partido conservador de Manuel Fraga, vio una magnífica oportunidad para tratar de desalojar del poder a los socialistas. Ejerció una virulenta oposición cuya única estrategia consistía en la destrucción de la imagen de González, a base de acusarle de la comisión de crímenes de Estado y de favorecer, o permitir, la corrupción política y administrativa. En la campaña, el PP contó con la inestimable alianza de algunos jueces y fiscales, de medios de comunicación reaccionarios o con proclive tendencia al amarillismo, y de otros cuyos directivos mantenían discrepancias personales con González o avizoraban el cumplimiento de sus ambiciones si ayudaban a un relevo del poder. Delincuentes de alto copete, que habían visto laminadas sus organizaciones delictivas, se sumaron entusiastas a la operación que, por lo demás, tenía también a su favor la objetividad de los hechos: veinticuatro víctimas mortales del GAL y trapacerías tan asombrosas como la del primer director civil de la Benemérita no eran invenciones de la oposición, sino pruebas irrefutables del cansancio y la pérdida de horizontes del Gobierno. Aquélla fue la etapa del «váyase, señor González», que erosionó de manera considerable el prestigio del presidente y las perspectivas de futuro del partido socialista.

El final de la historia —por el momento— es conocido. El PP obtuvo una pírrica victoria en los comicios de 1996 y una resonante mayoría absoluta en los del año 2000. El precio a pagar por todos fue una creciente fractura social y la recreación, en cierta medida, del mito de las dos Españas. Desde entonces, se ha instalado en el país una nueva forma de gobernar que coincide en mucho con las tendencias de lo que yo mismo he bautizado como «fundamentalismo democrático», consistentes en convertir la democracia en una ideología, desfigurando su condición de método. El fundamentalismo democrático encubre torpemente pulsiones autocráticas y talantes totalitarios, muy del gusto, por lo demás, de amplios sectores de la sociedad española, que se vio beneficiada de un periodo excepcional de prosperidad económica durante el primer mandato de José María Aznar. Éste culminó con un nuevo relevo generacional, también en el partido de la oposición, y con una pérdida de memoria colectiva respecto a hechos tan cruciales para el entendimiento de España como fueron la guerra civil, la dictadura y los años de la transición. Anécdotas reveladoras como que se haya condecorado a un torturador de la España franquista, o que el partido del Gobierno se niegue a condenar en el Parlamento el golpe de Estado de los generales rebeldes que se alzaron en 1936 contra la legalidad republicana, ponen de manifiesto que el espíritu de reconciliación, del que la derecha había hecho gala a la muerte del dictador, ha perdido vigencia. Y aunque es cierto que la victoria de José María Aznar se debe, en gran medida, a su ocupación del centro político, al mismo tiempo que ha sabido retener en sus filas a los sectores más reaccionarios del electorado, no lo es menos que ese centro político se ha desplazado considerablemente hacia la derecha.

Pero la historia no es unidimensional. Mientras estas cosas sucedían, España comenzaba a vivir los primeros efectos de la llamada revolución digital, descubría su nuevo protagonismo en la globalización, y mostraba su perplejidad ante el hecho de que los cambios generacionales no fueran significativos sólo, ni primordialmente, en la política, sino también, y sobre todo, en la economía, la cultura, la tecnología y la comunicación. Yo me aficioné a las cuestiones de la sociedad digital gracias a una iniciativa de Ricardo Díez Hochtleiner que me encargó, desde el Club de Roma, un informe sobre la misma. En un encuentro con Felipe González, ya fuera del Gobierno, descubrí que él se había encaminado por parecidos derroteros a partir de un estudio que sobre el futuro de la izquierda le había solicitado la Internacional Socialista. Mis relaciones con el antiguo líder del PSOE habían sido muy conflictivas, y más bien crispadas, durante la mayor parte de su etapa de gobierno, especialmente hasta la salida del mismo de Alfonso Guerra. Hubo años de incomunicación y de recelo, y situaciones enormemente difíciles. Las posiciones que *El País* mantuvo en el debate sobre la OTAN y nuestra continuada crítica de la política antiterrorista habían cristalizado en un absoluto distanciamiento personal entre González y yo y en una confrontación soterrada entre el Gobierno y el diario, pese a que uno y otro pretendían representar el ánimo de los españoles progresistas. O quizá, precisamente, por eso. Pero el ascenso en nuestro país del fundamentalismo democrático, que ambos consideramos un peligro para la estabilidad y fortaleza del régimen de libertades, y las innovaciones de la revolución digital, han contribuido durante los últimos meses, me atrevo a decir años, a restaurar una relación que venía de antiguo y que es más fluida ahora que nunca. Sin duda, también se debe a que ni él es presidente del Gobierno —o aspirante a serlo— ni yo director de ningún periódico —o añorante de serlo. Nuestros diálogos en torno al impacto de la sociedad digital en el futuro económico y político de los países, nuestras discusiones sobre la globalización y el significado actual de la solidaridad, y nuestro común diagnóstico sobre la acuciante desmemoria histórica de los jóvenes españoles motivaron el proyecto de este libro. Por una parte, reconocemos que la irrupción de la sociedad digital va a transformar por completo las perspectivas clásicas de la política, la economía, y las relaciones sociales. Por decirlo en feliz frase del ex presidente de Uruguay, Julio María Sanguinetti, inspirada quizá en la de Paul Valéry, *el futuro ya no es lo que era.* Por otra, será imposible para los más jóvenes avizorar las líneas maestras de ese futuro, e incluso hacerse un juicio crítico sobre el presente, si no revisan el pasado histórico, la experiencia vital de sus mayores, que constituyó el cambio político y social más determinante de la historia de España en los últimos cien años. No todos los días se inicia un proceso de construcción de la democracia en un país de la tradición del nuestro, pero se puede, en cambio, destruir y erosionar a diario si no velamos por su permanencia.

Con este bagaje de preocupaciones, decidimos encerrarnos durante dos días en la finca El Obispo, un predio que, como tantos otros, tiene su origen en la desamortización de Mendizábal. En un entorno de tan rancia estirpe, con connotaciones que atañen a la España profunda y a los tempranos intentos de la Ilustración por modernizarla, a lo largo de un par de intensas jornadas mantuvimos un diálogo, recogido en más de catorce horas de grabación, sin guión previo, salvo unos apuntes tomados por mí a vuelapluma, y sin otro objetivo que el establecer una vívida discusión sobre las cuestiones propuestas. Apenas interrumpimos el intercambio como no fuera para comer y descansar, incluidos los excursos culinarios de González, al que recomendé muy sinceramente hacer un libro de cocina, habida cuenta de su habilidad para los guisos. «Sí —puntualizó—, pero han de ser recetas que se puedan cumplimentar en treinta y cinco minutos, el tiempo máximo que un profesional o un trabajador puede emplear en los pucheros después de su jornada laboral».

Encontré un Felipe pletórico de actividad y de ideas, un personaje humano infinitamente más afinado que en su etapa del Gobierno, un intelectual reflexivo, de proteica verbosidad, y un animal político que todavía guarda considerables alientos. Minucioso hasta la extenuación en sus descripciones y en sus matices, era capaz de hablar durante horas sin cometer un error, resbalar en un desliz, o incurrir en una mala interpretación. Durante la conversación se fueron poniendo de manifiesto discrepancias y acuerdos con una fluidez pasmosa, sin inhibiciones ni trucos, pero también sin que en ningún momento hubiera la más mínima pérdida de control por su parte. Era un Felipe González feliz por poder expresarse con una libertad a la que no estaba acostumbrado en las últimas dos décadas, pero sin abandonar por eso su extremado y, a veces, casi paranoico sentido de la responsabilidad. Salí de la partida más amigo de él que lo que entré, y con la secreta satisfacción de saber que el contenido de nuestra entrevista suscitaría algún escándalo, no pocas invectivas y el rechinar de dientes de los mediocres. Provocar es parte de la profesión de un autor.

La transcripción ha sido una y otra vez revisada por ambos, y yo me he encargado de algunas clarificaciones, aligerando el texto, redondeándolo, evitando reiteraciones abusivas, pero manteniendo su espíritu y su forma desde el principio al fin. La inicial edición del libro, que realicé durante el periodo estival, combinándola con un viaje casi iniciático a la Grecia clásica, me evocaba los ejercicios de mayéutica de los primeros filósofos. Los diálogos tienen una enorme tradición en la historia de la literatura y el pensamiento, desde que Platón los utilizara para transmitir la herencia intelectual de Sócrates, y yo me veía como un escribano de las reflexiones del otro, un incitador de su memoria y de su inventiva, y un observador entre dubitante y escéptico. Algunas de las correcciones que hemos incluido en el texto tratan sólo de precisar conceptos que coloquialmente se daban por sobreentendidos, otras pretenden prestar un tono más literario a la conversación y, en parte, matizar o maquillar algunos excesos verbales, verdaderas perlas que guardo como oro en paño en el desván de mis recuerdos. Pero la distribución en capítulos y apartados respeta escrupulosamente la secuencia real de nuestro encuentro y puede decirse que, en su conjunto, estas páginas son un muy fiel reflejo del mismo. En la redacción final, revisada también por González, hemos preferido mantener el tono relativamente informal de la charla, sus idas y venidas, los meandros por los que discurre, para retornar una y otra vez a temas fundamentales de lo que es una auténtica meditación en común. Creo que, gracias a ello, el texto descubre mucho más que conceptos, porque nos revela actitudes, estados de ánimo, pasiones y sentimientos de quien ha sido el gobernante democrático de más largo aliento en la historia de España. De cualquier forma que ésta se escriba, Felipe González ocupará en ella un enorme espacio y un lugar destacado. No sólo, ni primordialmente, por lo controvertido de su figura, sino más que nada por el positivo legado que dejó a los españoles, y a muchos europeos y latinoamericanos, beneficiados gracias a los frutos de su apasionada lucidez y su incansable activismo. Me complace especialmente poder decir esto de él, ahora que no está en la cima, ni parece que se apreste a escalarla de nuevo. Si bien lo miro, mis relaciones con los tres primeros jefes de Gobierno de la democracia mejoraron sustancialmente a partir de que abandonaran el cargo. Algo que, me barrunto, no ha de suceder con el actual titular.

Las páginas que siguen son, en definitiva, la expresión puntual y exacta de un debate entre dos personas que hemos vivido una misma experiencia vital desde diferentes puntos de vista. Constituyen un esfuerzo por la recuperación de la memoria y la reflexión sobre el porvenir. Naturalmente, sólo cubren aspectos parciales de nuestra historia y no pretenden ser ninguna aportación sistemática al pensamiento de nuestro tiempo. Pero, a la postre, discurren sobre temas de enorme interés para la opinión pública, en un tono distendido y coloquial que, al menos, espero no aburra al lector. Cuando ya estaba listo el libro para ser enviado a la imprenta, sucedió el atentado contra las Torres Gemelas de Nueva York y el Pentágono, y nos pareció que no tenía sentido publicar una obra como ésta sin incluir un apéndice de urgencia que recogiera lo esencial de nuestra reacción ante semejante monstruosidad. Los dos entendemos que el ataque terrorista constituye el hecho más importante que nos ha tocado vivir, aunque personal y profesionalmente nos hayamos visto envueltos en situaciones más dramáticas para nosotros. Ese martes negro en Estados Unidos marcará un antes y un después en la historia de la humanidad. De cómo ésta sea capaz de salir de la enorme crisis de confianza que se ha abierto entre nuestros pueblos dependerá, en gran parte, la confirmación de ese futuro que tratamos de escudriñar en estas páginas. Ojalá este esfuerzo por descubrir nuevas claves e incitar a los lectores a la interrogación no haya sido del todo vano.

Madrid, septiembre de 2001

I un pacto republicano en torno a la monarquía

EL CONSENSO, LA MEMORIA HISTÓRICA Y EL RENCOR

Juan Luis Cebrián: —La política del consenso, y la historia de la transición española, están en entredicho. Desde la época de la oposición de la derecha (aquellos abandonos masivos del Parlamento, los pateos en tu última etapa como presidente del Gobierno) hasta las posiciones adoptadas por Aznar en las elecciones en el País Vasco, el PP ha puesto de relieve una manera diferente y nueva de hacer política que generó, ya en su día, una auténtica fractura social. Coincidentemente, ha habido, también, una crítica al consenso como método político, aquello que llamaba Calvo Sotelo «la concertación», con una palabra tan poco acertada.

Felipe González: —Contradictoria, además. Pero todos la empleamos.

J. L. C.: —Concertación: lo contrario del consenso. No faltan quienes dicen ahora que éste, en definitiva, fue una traición a la democracia.

F. G.: —El consenso en la transición era la búsqueda de una especie de territorio compartido, que no nos obligaba a renunciar a nada, pero trataba de comprender cuál era la verdad del otro para superar la política del rencor. Abarcó un amplio espectro de fuerzas políticas, pero no a la totalidad: lo rechazaron la extrema derecha y la extrema izquierda. Fraga no estaba de acuerdo con él, debido más a la inesperada posición electoral en que quedó, muy lejos de sus expectativas, que porque se negara al diálogo. Curiosamente, el actual presidente del Gobierno fue también detractor acérrimo del consenso en aquellos difíciles momentos de los gobiernos de Adolfo Suárez. Por eso, el espíritu de consenso se mantiene hasta el comienzo de los años noventa, cuando Alianza Popular se convierte en PP y sus nuevos dirigentes reinstauran la política del rencor. Iniciaron una oposición crispada, una política de ruptura de los acuerdos básicos, incluidos los referidos a terrorismo y política exterior. Esto es lo que ha marcado la segunda parte de ese proceso histórico, hasta el punto de que ha cambiado, incluso, la percepción de lo que es ser oposición. Ahora la gente dice que no hay suficiente oposición porque no hay una oposición que crispe, que utilice el rencor, que sobrepase irresponsablemente las reglas de juego.

J. L. C.: —Los montaraces partidarios de esta «segunda transición» defienden que la primera fue un engaño, precisamente, entre otras cosas, por culpa del consenso. En muchas columnas y artículos de la prensa de la derecha se asegura —incluso por voces que se autoproclaman progresistas— que en la transición no se hizo una verdadera democracia, según ellos por varios motivos. Primero, porque en realidad el proceso estaba dirigido por los franquistas, que sólo pretendían mantener su legitimidad, a través de reformas legales complicadas; y segundo, porque, mediante la política de consenso, lo que hizo la clase política fue blindarse para crear una especie de superestructura que dirigiera la evolución del régimen. Fruto de ello serían muchos de los defectos de nuestro actual régimen como, por ejemplo, el sistema electoral, que protege a las burocracias de los partidos, corrompidos a través de la financiación ilegal y confabulados para evitar la vigilancia de la sociedad sobre la política y sus personajes. A mí, este análisis me parece descabellado, pero no es infrecuente oírlo.

F. G.: —Todo se confunde, mezclando actitudes de buena fe, pero equivocadas, con las que estaban al servicio de intereses antidemocráticos. A la muerte de Franco, había un razonable temor al enfrentamiento histórico que habíamos vivido durante los siglos XIX y XX, y eso aconsejaba un esfuerzo de prudencia, de aproximación al otro. Esa actitud fue la mejor para poder conseguir, por primera vez en la historia de España, una convivencia democrática y pacífica. Uno de los fundamentos de ésta es, sin duda, el temor a rebasar ciertos límites, rompiendo las reglas de juego, un temor clavado casi genéticamente en nosotros, por lo menos en una parte muy importante de la sociedad. Esto ayudó a formar el ambiente propicio al consenso. La ley electoral, por ejemplo, sigue siendo la que pensó el centro derecha en el poder, que provenía del régimen anterior, para mantener la hegemonía política durante cierto tiempo. El sistema prima el voto de las hectáreas sobre el de las personas, en la vieja creencia de la derecha de que el sufragio rural le favorece más que el urbano. Es una ley anterior a la Constitución, sirvió ya para las primeras elecciones, en el 77, y básicamente no se ha cambiado desde entonces. Pero, en una aparente paradoja, la primera mayoría absoluta que esa legislación produjo fue para nosotros, en 1982.

J. L. C.: —Hubo otros factores que caracterizaron el proceso, tan tímido en sus comienzos, como el hecho de que nunca se abriera, de manera formal, un período constituyente. La amnistía política, por ejemplo, no produjo los efectos deseados, en realidad fue una amnistía con cuentagotas, porque había temor al borrón y cuenta nueva.

F. G.: —Lo que pasa es que tenemos la memoria flaca. Cuando se pensó en la amnistía no se estaban considerando los crímenes de la dictadura, sino sólo los delitos de la izquierda y la oposición que el franquismo consideraba «políticos». Lo que se olvida por parte de los críticos de buena fe es que la relación de fuerzas, como decíamos en la época, hacía inconcebible otra cosa.

J. L. C.: —En cualquier caso, insisten en que todo se hizo para fortalecer los partidos, para crear una casta política que se quedara con el pastel.

F. G.: —El fortalecimiento de los partidos era necesario, después de un periodo tan prolongado de dictadura. Algunos de los defectos de su regulación se produjeron por lo mismo que la negativa a la propuesta de que los debates parlamentarios se hicieran sin leer las intervenciones, aunque se usaran papeles como apoyo documental. El argumento que se empleó para oponerse era que en España, después de cincuenta años sin verdaderos debates parlamentarios, no había posibilidad de que se desarrollaran en condiciones y, por tanto, la lectura en el Parlamento iba a ser imprescindible para no hacer el ridículo. Fortalecer a los partidos y no multiplicar hasta el infinito su existencia (había cuatrocientas cincuenta siglas inscritas en el registro cuando llegamos a las elecciones de 1977) era un deber de responsabilidad democrática. Por lo demás, a partir del reconocimiento de que la experiencia de la política del consenso en la transición resultó magnífica, ahora hay que hacer reformas importantes y más significativas, para enfrentarse a las preocupaciones que expresas. Por ejemplo, yo no creo en las primarias de los partidos políticos, salvo que sean para todos, y, sin embargo, creo en las listas abiertas. El principal defecto de nuestro actual sistema es que el representante de la soberanía popular no se gana su pan electoral, no se gana el escaño. En el modelo de listas cerradas y bloqueadas se pelea más por situarse en un buen puesto en la lista que por ganar la confianza del elector. Eso es lo más importante.

J. L. C.: —Las listas cerradas para las elecciones siempre me han parecido un despropósito. Fomentan el clientelismo y hacen que los candidatos estén más pendientes de la cúpula de los partidos que de sus votantes. Pero hay otro consenso, básico en las democracias, que es el de tipo social: la aceptación generalizada de unas reglas de juego, incluso no escritas, unos comportamientos cívicos que sustentan la convivencia. La base de la transición es, en ese sentido, la reconciliación entre los vencedores y los vencidos de la guerra civil, algo que se olvida con frecuencia.

F. G.: —... la superación del rencor, ese pegajoso compañero de viaje de nuestra convivencia durante tanto tiempo...

J. L. C.: —... con más generosidad, también con más debilidad, por parte de los vencidos. Por eso, la ruptura del consenso llegó más tarde, con las generaciones que no habían vivido la guerra ni la posguerra. Hay una fractura generacional, entre aquellos que nacieron en la segunda mitad de la década de los cincuenta o los sesenta y los que vinimos al mundo en los años cuarenta, o antes. Percibimos de diferente forma la existencia de la quiebra histórica profunda que vivió España entre derecha e izquierda, periferia y centro. Uno de los personajes de mis novelas, una mujer perteneciente a una buena familia de la sociedad madrileña, explica que la guerra civil fue una guerra entre ricos y pobres, y la ganaron los ricos. Ése me parece un resumen perfecto de la historia reciente de España, hecho, además, y no con cinismo, por alguien que pertenecía a los vencedores. Sin embargo, estas consideraciones no les dicen mucho a los jóvenes de ahora.

F. G.: —La afirmación de ese personaje, bastante real, responde a una de las cuatro verdades que resumen los grandes conflictos históricos de España. El conflicto social era eso, enfrentamiento de ricos y pobres, y se correspondía con frecuencia con las otras líneas de fractura: clericales y anticlericales, militaristas y antimilitaristas, todo estaba en el mismo paquete, al que había que añadir la cuestión territorial. Los que ahora llamamos países centrales, a diferencia de los emergentes, lo son, entre otras cosas, porque tienen áreas de consenso que no se alteran en las alternativas políticas ordinarias. Los elementos constitutivos del consenso no se rompen aunque cambien los gobiernos, y eso hace a los países más previsibles y estables. Por eso es ridículo pensar que el consenso, en España, ocultó la necesidad de prácticas no regulares, como la financiación de los partidos, o que esto último es una exclusiva nuestra. Ha habido un antes y un después en los sistemas de financiación política en Europa, que coincide con la caída del Muro de Berlín. Hasta el 89, para entendernos, lo normal, en el mundo entero y sin excepciones, era acudir a métodos «complementarios» del establecido legalmente para la financiación de los partidos. A partir de ese momento, cambia la percepción y se cuestiona la financiación no regular. De ella no se escapaba absolutamente ninguna sociedad democrática, como hemos visto en casi toda Europa, o en EE UU, o en Japón.

J. L. C.: —Manolo Azcárate, el histórico líder del PCE que luego acabó, como tantos, expulsado de la organización, me contó de las innumerables maletas llenas de dinero que venían de Moscú. En la fiscalía rusa figuraban, incluso, los recibos de cobro de los dirigentes comunistas, ya después de la llegada de Gorbachov al poder.

F. G.: —Durante mi gobierno se recibió un requerimiento de la fiscalía rusa, reclamando entregas de dinero a dirigentes comunistas españoles, posteriores a la salida de Azcárate. En eso había un componente de ajuste de cuentas al que nos resistimos, con más prudencia que Anguita y compañía. Pero la llegada de una nueva generación no es la explicación sobre la ruptura del consenso. Las razones hay que buscarlas en la reaparición de la política del rencor, como decía Herrero de Miñón. Coincide con una nueva generación por razones objetivas, pero no por el hecho de que ésta represente algo distinto, por lo menos en lo sustancial. En el año 1978, cuando discutíamos la aprobación de la Constitución, algunos de los que se hicieron cargo del PP diez años después tenían la misma percepción que Fraga y los «siete magníficos»[1] respecto al consenso, estaban contra él, lo mismo que lo estaba, más a la derecha, Blas Piñar. ¿Es eso propio de la generación de los actuales dirigentes de la derecha? No lo sé. Es una coincidencia, en todo caso, con la representación más dura, en aquel momento, del franquismo. La

---

[1] Manuel Fraga patrocinó en octubre de 1976 la formación de Alianza Popular con la participación de varias organizaciones políticas y contando con la aportación de los «siete magníficos», otros tantos destacados personajes del franquismo más o menos evolucionado, y afines al rumbo político que Fraga deseaba tomar tras la muerte de Franco. Estos políticos eran Laureano López Rodó, Federico Silva, Gonzalo Fernández de la Mora, Cruz Martínez Esteruelas, Tomás de Carranza, Licinio de la Fuente y Antonio Carro.

recuperación de la política del rencor está ligada a la apreciación, después del 82, el 86 y el 89, de que un nuevo triunfo del partido socialista resultaría intolerable para la derecha. Ésta cambió entonces completamente la estrategia, que ya venía precedida de una política de mayor calado, de ocupación de espacios de poder. El Opus creyó que Fraga no sería nunca alternativa en las urnas y dedicó sus mejores esfuerzos a buscar gente más joven, que se distinguiera o se alejara de la imagen fraguiana. Se trataba de ocupar parcelas de poder no representativas, dentro de los poderes del Estado y de las instituciones. Lo hicieron sistemáticamente y con acierto, como expliqué en una entrevista a *Le Nouvel Observateur* a comienzos de 1996. El poder judicial o la cúpula militar, la banca o los medios de comunicación, amén de las universidades, entraron dentro de esa estrategia de largo plazo.

J. L. C.: —Hay una cosa que me llama mucho la atención, y es el silencio, al principio de la transición, sobre el propio franquismo, silencio que todavía se sigue produciendo. Probablemente porque el Rey había sido nombrado por Franco, o porque aquello fue —como antes indicaba— un proceso de reconciliación, plagado de renuncias. El caso es que, veinticinco años después de la muerte del dictador, no hemos logrado ni siquiera un acuerdo suficiente sobre lo que significó su figura y su obra para este país. Por un lado, la derecha se niega a condenarlo como un régimen fascista. Se nos llena la boca de protestas por las desapariciones en Chile o Argentina, pero ya está demostrado que en España hubo más muertos después de la guerra civil que en la misma guerra, más fusilados que víctimas en las trincheras o a causa de los bombardeos.

F. G.: —Era la limpieza étnica de la época, verdadero propósito de la rebelión militar y del régimen resultante.

J. L. C.: —Sí, la limpieza hecha por Franco, por los vencedores. Pero la derecha se sigue negando a reconocer esto. Es como si todavía los alemanes estuvieran discutiendo sobre si Hitler era bueno, malo o regular.

F. G.: —Me siento responsable, no culpable, de la ausencia de ese debate durante mi mandato.

J. L. C.: —Por otro lado, hay también una resistencia de la izquierda a aceptar que la política desarrollista de los años sesenta, que generó unas clases medias muy potentes, facilitó luego la construcción de la democracia. No se quiere asumir que, durante el franquismo, se produjeron hechos positivos para el futuro del país. O sea que, en el Parlamento, la derecha no endosa una condena moral del franquismo y niega incluso una recompensa de este tipo a sus víctimas —pese a lo mucho que utiliza el dolor causado por el terrorismo— y, por otro lado, la izquierda olvida que hubo en esa etapa un progreso económico que nos iba a facilitar la democracia.

F. G.: —Como me siento responsable de lo primero, de que no hubiera un debate sobre la dictadura, y no he participado de lo segundo, empiezo por decir que no son magnitudes comparables. La reforma tecnocrática del Opus en los sesenta dio lugar, mediante una liberalización económica a la que me he referido montones de veces, a un período de crecimiento muy fuerte, aunque nos costó enviar un millón y pico de trabajadores a Europa. Todo eso contribuyó de manera decisiva a cambiar hábitos de la sociedad española, pero siempre me he resistido a pensar que sólo a partir de equis miles de dólares de renta *per cápita* se puede tener democracia. Mi contraargumento era: ¿o sea, que además de ser pobres, hay que aguantar la dictadura?

J. L. C.: —También yo he dicho muchas veces algo así y, sin embargo, no estoy muy seguro de tener razón al pensar que no es necesario un nivel determinado de renta para instaurar un régimen democrático estable. En puridad, la democracia es un hombre, un voto, y por lo tanto, no debe tener que ver, inicialmente, con el grado de desarrollo de los países; es más, puede ayudar a ese desarrollo económico. Siempre he pensado esto y me satisfago mucho a mí mismo reconociéndolo, pero la experiencia parece demostrar que un mínimo nivel de bienestar es necesario para lograr establecer una democracia sólida. En países emergentes, estoy pensando en...

F. G.: —¿Zambia?

J. L. C.: —... en Zambia o en algunas áreas de América Latina. Las dificultades para que exista una democracia en naciones con renta inferior a los ochocientos dólares *per cápita* son inmensas. Al decir esto, no estoy defendiendo los regímenes autoritarios para generar desarrollo, pero realmente se hace muy difícil filosofar sobre los derechos cuando no se posee ni el derecho a comer.

F. G.: —El problema no es saber si un régimen autoritario puede generar desarrollo, la cuestión es si la democracia emerge en un sistema con distancias sociales enormes y niveles de pobreza generalizados.

J. L. C.: —Si no lo hace, ¿cuál es la alternativa? ¿Tenemos una solución que pueda infundir esperanzas a las poblaciones de esos países?

F. G.: —La democracia sigue siendo algo excepcional como sistema. ¿Qué pasa en los Balcanes o en el Cáucaso? ¿Es posible que esos países salgan de la dictadura comunista y pasen directamente a ser democracias, o les hace falta subir un escalón intermedio en el tránsito?

J. L. C.: —Algo capaz de gobernar y mantener el orden. Lo que se llama un «régimen fuerte», signifique eso lo que signifique.

F. G.: —Creo que es bueno reflexionar sobre algunos ejemplos. La frontera entre Panamá, Costa Rica y Nicaragua es muy lábil, un espacio casi compartido, pero Costa Rica se ha mantenido consistentemente como un sistema democrático, mientras que Panamá y Nicaragua han emergido con dificultad a la democracia. Las diferencias de renta no son abismales, aunque dentro de Costa Rica está mejor repartida. ¿Por qué Costa Rica puede vivir una experiencia democrática consistente y prolongada en el tiempo y los otros no? A *sensu contrario,* ¿por qué países con altos niveles de renta tienen tentaciones autoritarias? De todas formas, creo que es justo decir que con niveles de pobreza que hacen que una buena parte de la población se debata en el límite de la supervivencia, es muy difícil que se dé un *ethos* de convivencia democrática. No se siente como una prioridad, y es comprensible.

J. L. C.: —Has elegido como ejemplos algunos relativamente fáciles, porque se trata de países pequeños. Fijémonos en la India, que es un país democrático, formalmente democrático, más democrático que lo que le rodea, aunque la mitad de los indios no existan, directamente. No es que no tengan derechos democráticos: no tienen derechos de ningún género.

F. G.: —Tampoco existen estadísticamente la mitad de los brasileños. En la India además eso es expreso: a pesar de que formalmente no sea así, la verdad es que hay mucha gente que está fuera del sistema.

J. L. C.: —La India, China, Brasil, son países donde una parte de la población tiene niveles de renta altísimos y otra está sumida en la más terrible pobreza, donde hay clases medias altas avanzadas, políglotas, con gran capacidad de acceso al saber, mientras otros viven debajo de puentes, no saben ni leer ni escribir, ni tienen ningún tipo de bien cultural. Me pregunto si el sistema democrático y la libertad económica —el mercado— conllevan una respuesta válida para solucionar estos problemas.

F. G.: —Un crecimiento de la economía y un buen reparto de ese crecimiento facilitan mucho la articulación de una democracia —y a la inversa—, aunque a veces las distancias económicas son menor obstáculo para el desarrollo de la convivencia que las diferencias étnico-culturales o religiosas. Hoy, los conflictos más potencialmente destructivos de la democracia suelen tener fundamentos de ese género... (fundamentos es mucho decir, porque son la consecuencia de actitudes demagógicas de dirigentes ambiciosos). La destrucción de la antigua Yugoslavia no se ha debido a razones económicas. Decir que Croacia vive hoy en democracia porque se decidió así en Europa es una broma: en Croacia hay que bautizarse para tener la nacionalidad. ¿Es eso democracia? Hay una serie de factores que inciden negativamente en la articulación de las democracias en el sentido moderno del término, y hay distintos grados de evolución de las democracias mismas; has puesto un ejemplo perfecto, que es la India: no cubre los parámetros democráticos exigibles en Occidente, pero es mucho más democrática que Pakistán, o que la China o Corea del Norte. Por eso es absurdo hacer prédicas en el vacío respecto a la democratización de los países, hay que acercarse a su realidad, no sólo económica, sino histórica, política, cultural, religiosa.

J. L. C.: —Volvamos a casa. En definitiva, como te explicaba, por no tener consenso, hoy no lo tenemos siquiera respecto a nuestra propia historia reciente, la del franquismo. Somos incapaces de contarnos nuestro pasado de forma coherente.

F. G.: —Me siento, como decía, responsable de no haber suscitado un debate sobre nuestro pasado histórico, el franquismo y la guerra civil, en el momento en que probablemente era más oportuno. Pero hay una anécdota que te explicará la razón. Un día estaba yo en el despacho de Moncloa, siendo presidente Adolfo Suárez, con Manuel Gutiérrez Mellado. Era inmediatamente después de la Operación Galaxia[2] y el general me dijo: «¿Le puedo pedir un favor personal? Usted va a ser responsable del Gobierno en algún momento, ¿por qué no espera a que la gente de mi generación haya muerto para abrir un debate sobre lo que supuso la guerra civil y sus consecuencias? Debajo del rescoldo sigue habiendo fuego, le ruego que tenga paciencia». Más tarde fui presidente del Gobierno, con mayoría absoluta, en ocasión del cincuenta aniversario del comienzo de la guerra civil, y también del cincuenta aniversario del final de la misma. Dos fechas bien significativas, en términos históricos. Me hubiera incluso «convenido» abrir un debate sobre aquello, en momentos en que se veía que los socialistas estábamos en una posición más débil. No lo hice, a pesar de que sentía, con dolor, que el Vaticano fuera beatificando decenas, a veces centenares, de víctimas del bando de los

---

[2] La llamada Operación Galaxia, conspiración para dar un golpe militar previsto para el 17 de noviembre de 1978, fue proyectada por el teniente coronel Tejero y el entonces capitán y posteriormente comandante Ricardo Sáenz de Ynestrillas, y preveía la toma del palacio de la Moncloa, aprovechando la estancia del Rey en el extranjero. Sáenz de Ynestrillas fue asesinado por ETA el 17 de junio de 1986. Un hijo suyo, Ricardo Sáenz de Ynestrillas, es ahora líder de un grupo de extrema derecha.

vencedores, exaltándolas como víctimas de la «cruzada», según la llamaban todavía. No hubo, no ya exaltación, ni siquiera reconocimiento, de las víctimas del franquismo, y por eso hoy me siento responsable de parte de la pérdida de nuestra memoria histórica, que permite que ahora la derecha se niegue a reconocer el horror que supuso la dictadura, y lo haga sin ninguna consecuencia desde el punto de vista electoral o social, sin que los jóvenes se conmuevan, porque ni siquiera conocen lo que ocurrió.

J. L. C.: —Normalmente la gente dice: ¡Vaya!, es que no salen del franquismo y de la guerra, que pasó hace más de cincuenta años, y ya no interesa a nadie.

F. G.: —Salvo en el caso de las beatificaciones. Cualquiera que las critique es para ellos un sectario. Dos varas de medir, como en tantas cosas.

J. L. C.: —¡Vamos a ver si no beatifican a Carrero Blanco a este paso! Desde mi punto de vista, todo esto revela el trasfondo de por qué no existe ese consenso social —ese pacto popular— en torno a la democracia. Si no hay acuerdo suficiente para reconocer que fue una desgracia que Franco gobernara España, se debe a que la derecha actual sigue siendo heredera del franquismo, de ese franquismo de los años sesenta o setenta, tan bien representado por el barrio de Salamanca de Madrid, donde vivía la clase dirigente del régimen.

F. G.: — La zona nacional.

J. L. C.: —La clase media acomodada, la burocracia franquista que además hizo negocios, representa un fenotipo de español muy curioso, un español centralista, con preocupación por la justicia social desde el punto de vista tardofalangista, o como queramos llamarlo, con reverencia por el Estado, con cierto jacobinismo incorporado a su manera de pensar. Ese barrio de Salamanca —al que conozco bien porque yo vengo de ahí— se vio desalojado del poder por la llegada de la democracia, y ha vuelto a él de la mano del PP, en tono muy reivindicativo. Pero durante la transición logramos el reconocimiento de que la historia de los pueblos no es como el rodaje de una película del Oeste, no es un cuento de buenos y malos, contra lo que la política del rencor pretende. Ahora, los nacionalistas vascos consideran que los malos son los no nacionalistas, y la derecha establece que la funesta es la izquierda, que perpetró crímenes de Estado y se sumió en la corrupción. Mientras tanto, la izquierda condena a la derecha por fascista y no democrática. Lo que se produjo durante los años ochenta fue la aceptación por la oposición democrática de que había gente decente entre los franquistas, y la comprensión por parte de la derecha de que los izquierdistas no eran unos locos zarrapastrosos dispuestos a quemar iglesias. Ese ambiente de respeto mutuo y de colaboración no volverá a producirse mientras no haya una historia común sobre el franquismo que puedan estudiar todos los españoles.

F. G.: —Aunque se manejen los mismos datos, la percepción de la historia no suele ser la misma. Es cierto que no hay un solo período histórico en el que el saldo sea cero contra cien. Obviamente, había elementos de desarrollo positivo dentro del franquismo (aparte del horror de la guerra civil, y de la explicación de por qué se llegó a ella), pero sin Franco hubiéramos tenido mucho mayor nivel de desarrollo, mayor ritmo de aproximación a Europa, nos hubiéramos acercado más a la experiencia italiana que a la portuguesa o griega. Sobre estas consideraciones se puede establecer un acuerdo. ¿Dónde es imposible? En que los franquistas, sus herederos, se niegan ahora a reconocer que hubiera un golpe de Estado en

1936, cuando es obvio que hubo un golpe de Estado contra la legalidad. Que nieguen los hechos mismos es lo que hace incomprensible la actitud de esta derecha, e imposible una razonable interpretación de la historia que se pueda compartir.

J. L. C.: —Además es mejor referirse a un golpe de Estado que a una guerra civil, aunque había mucha gente que quería la guerra, por horrible que parezca.

F. G.: —Empezando por Franco y muchos de sus acólitos. La guerra se hizo para resolver lo que consideraban «el problema de fondo» de este país, lo que explica que, después de que acabara, se siguiera matando a la gente, incluso en mayor medida. Era un proyecto de erradicación de los «enemigos de la patria», de la unidad, de la ideología dominante, de la religión, de lo que quisieran... Tenemos un vacío grave de identificación con nuestra historia, y ese vacío permite una monstruosa confusión, de la que viven los demagogos oficiales. Hablo de los demagogos en el poder hoy, y de ese llamado «sindicato del crimen»[3] formado por periodistas y escritores que recomponen la historia reciente a gusto de sus dueños, como lo hicieran sus predecesores en el franquismo. Esta reinterpretación sectaria de lo sucedido en la transición hace inevitable que otros hagan lo mismo desde otro punto de vista. El ejemplo del País Vasco es típico. Algunas cosas que oye uno decir a los nacionalistas simplemente nunca han ocurrido, son una reinvención de la historia *ad hoc* para poder exhibir que son un pueblo oprimido por una oligarquía

---

[3] El «sindicato del crimen» es el apodo con que se conoce a un grupo de profesionales de los medios de comunicación que desarrollaron una intensa labor de acoso al Gobierno de Felipe González y de apoyo a la candidatura de José María Aznar en la última legislatura socialista.

castellana, que nunca existió como opresora de la vasca. El peligro es no hacer un verdadero esfuerzo de recuperación de la memoria histórica entre la gente normal, para contemplar con objetividad nuestro propio pasado inmediato. Aparte de que la historia no se aprende si no se explica el presente, para volver entonces hacia atrás.

J. L. C.: —Ya decía Ortega que los pueblos que no conocen su historia están condenados a repetirla. Al final de esta larga divagación, lo que queda es que trajimos la democracia a través del consenso, en torno a la Constitución y el Estado de las autonomías, pero la derecha ha reinstaurado la política del rencor. Sin embargo, ¡ojo!, al mismo tiempo firma una serie de acuerdos con los socialistas, que tienen, respecto a los de la época de la transición, una diferencia esencial. Los pactos de la Moncloa fueron generalizados: entre los sindicatos, los empresarios y la mayoría, si no la totalidad, de las fuerzas políticas. Los de ahora, fundamentalmente, son bilaterales, de la oposición con el poder (entre PP y PSOE, entre PP y Convergència). Se dice que están bien porque reavivan el consenso, pero, en mi opinión, no tienen nada que ver con eso. Un pacto antiterrorista sellado sólo entre dos partidos me parece casi una aberración, porque es como dar por sentado que la lucha antiterrorista no corresponde al conjunto de las fuerzas democráticas. Y firmarlo entre dos organizaciones, e invitar a las demás a que se sumen, es toda una arrogancia. Cosas así no resuelven el consenso democrático; mientras existan otras fuerzas representadas en el Parlamento, la no búsqueda de un acuerdo generalizado en las cuestiones de Estado sigue siendo una amenaza para la estabilidad del sistema. Ni siquiera tenemos un sentir básico sobre algo tan evidente como que la Constitución es transformable. Por cierto, que Aznar, que anda por ahí con la Constitución y el estatuto del País Vasco como si fueran escapularios, él mismo, en su libro sobre la «segunda transición»[4], propone una reforma del Senado que necesitaría un cambio constitucional. Por eso me pregunto si los actuales pactos de Gobierno y oposición no serán sólo un oportunismo.

F. G.: —Para empezar quiero recordar que los pactos de la Moncloa se negociaron y firmaron entre las fuerzas políticas, sin presencia de sindicatos ni de patronales, aún no legalizados formalmente. Aclarado eso, en las democracias consolidadas, hay áreas de consenso que se renuevan con el tiempo. Pero en la emergente democracia española fue necesario un gran acuerdo: los pactos de la Moncloa respondieron en su origen a la necesidad del Gobierno de Adolfo Suárez de ajustar de manera radical la política económica, para enfrentarse a la crisis de la época. Ese acuerdo se precocinó entre Suárez y Carrillo. La negociación, en Moncloa, duró un par de semanas porque nosotros quisimos entrar a fondo y realizar una verdadera discusión, pero el ambiente era el de cerrar en dos días. Adolfo Suárez y Santiago Carrillo pretendían seguir el modelo italiano que, dando preeminencia a los comunistas en la izquierda, hacía difícil una alternancia de los socialistas. Para Carrillo esa estrategia era perfectamente útil, fortalecía su partido y le preparaba para el compromiso histórico. Creía que ése era el mejor camino, y yo lo comprendo, ningún reproche que hacer. El consenso constitucional se basó, tras los pactos de la Moncloa, en un estilo de relación entre Gobierno y oposición de respeto y reconocimiento mutuo, y en la necesidad de

---

[4] José María Aznar, *España, la segunda transición*, Espasa Calpe, Madrid, 1995.

un acuerdo básico en cuatro o cinco temas fundamentales. El más delicado de todos, con mucha diferencia, era el territorial. En lo demás, acumulamos garantías sobre garantías, recogimos lo más moderno de todas las constituciones democráticas y lo metimos en la nuestra.

J. L. C.: —Acabó así siendo una constitución demasiado perfeccionista, alambicada en muchas cosas. Yo desconfío de la perfección por principio, mucho más en política, de modo que cuando alguien dijo que ésta es la constitución más avanzada del mundo, me entró un auténtico repelús.

F. G.: —Es cierto, y, repito, nos falló el tema territorial en la configuración del Senado. La existencia de dos cámaras legislativas no responde a la estructura territorial del Estado que emerge de la Constitución. ¿Cuál es la explicación de que se hiciera así? Tenía que haber el mismo número de puestos parlamentarios que existía entre los que se hicieron el haraquiri del franquismo con la Ley de Reforma Política[5]. Y ésa es la razón primera de la existencia del Senado, con algún argumento añadido.

J. L. C.: —A Fraga le gustaba la cámara de segunda lectura. Su estancia en Inglaterra como embajador le sirvió para admirar el modelo británico, le encantaba la idea de tener una especie de Cámara de los Lores.

F. G.: —Pero eso es anecdótico. Nuestro consenso es fruto de una experiencia histórica terrible: la guerra ci-

---

[5] La Ley de Reforma Política se aprobó mediante referéndum el 15 de diciembre de 1976, bajo el mandato de Adolfo Suárez. Básicamente supuso la ruptura con la legalidad franquista. Estableció que la soberanía nacional reside en el pueblo e instauró un sistema parlamentario bicameral y elecciones por sufragio universal para acceder a las nuevas Cortes, compuestas por 350 diputados y 207 senadores. Sirvió para convocar las elecciones democráticas de 1977, que abrieron paso a un período, de hecho, constituyente.

vil, una convivencia nunca bien ordenada durante los siglos XIX y XX, y otra circunstancia que tiende a olvidarse, que el dictador muere en la cama. Aquí no hay ni revolución de los claveles como en Portugal, ni ningún tipo de hundimiento del sistema. Hay un cambio pactado entre gentes procedentes del antiguo régimen y los que dirigíamos las fuerzas políticas de la oposición al mismo. Todo eso configura lo que podríamos llamar la esencia de nuestro compromiso, que fue muy positivo, pero que excluyó, por ejemplo, la explicación (no digo ya la exigencia de responsabilidades) sobre lo que había pasado durante el franquismo, a través de las comisiones de la verdad, como se ha hecho en otros países. No había fuerza suficiente para pedir no ya justicia, ni siquiera explicaciones sobre el pasado.

J. L. C.: —Ya que citas la revolución de los claveles, yo estaba en Televisión Española cuando sucedió. Era muy amigo de Sá Carneiro y de Pinto Balsemão, y pude enviar un equipo de reporteros, que entró en Lisboa antes de que se cerraran las fronteras. Manolo Alcalá entrevistó a Spínola e hizo un reportaje espeluznante sobre la persecución de la policía política por los militares, a tiros por las calles, y el derribo de estatuas de Salazar, con la gente cagándose literalmente encima de su efigie. Ya había matado ETA a Carrero y, aunque es verdad que Franco murió en la cama, el asesinato del almirante marcó en gran medida el final del régimen. Se vio cómo, paradójicamente, una dictadura tan férrea acababa con el poder casi diluido, destruido, diseminado en familias y sectas muy pequeñas. Nadie tenía verdaderamente liderazgo alguno. En cuanto a la revolución de los claveles, pude ver de cerca las reacciones del régimen franquista, de policías, de militares, etcétera. La derecha estaba despavorida ante la idea de que se produjera aquí algo similar. Ni siquiera tenían la garantía de que en el Ejército no hubiera entonces un movimiento parejo al portugués.

F. G.: —¡El terror pánico que producían los militares democráticos, los muchachos de la UMD que, al fin y al cabo, no eran más que un grupo muy reducido de gente de buena fe, casi nada representativo de la oficialidad española!

J. L. C.: —O sea, que es verdad que Franco murió en la cama, pero también es verdad que el poder del régimen estaba destruido.

F. G.: —Sí... pero murió en la cama. Si el poder estaba destruido, no lo percibíamos desde la oposición, por mucho que se especulara sobre su debilidad desde hacía un montón de años. No se percibía aunque fuera verdad, tan verdad como ocurre en todas las dictaduras que hemos visto caer en las últimas décadas en la Europa central y del Este, o en América Latina. Por eso resulta tan inconsistente que alguien sufra un desvanecimiento y diga que su hermano va a garantizar el futuro, como ha hecho Fidel Castro, igual que Franco afirmaba que todo estaba atado y bien atado. ¡Hasta qué punto estos regímenes se van cerrando, en la desconfianza hacia todo y hacia todos, y se convierten en seudomonarquías hereditarias, estableciendo imposibles designaciones de sucesor! Igual, por cierto, que en algunas dictaduras árabes.

J. L. C.: —En los países árabes, por lo menos, suele haber un cambio generacional.

F. G.: —Los procesos autocráticos se vuelven sistemáticamente frágiles porque se van cerrando en sí mismos, y estrechando sus márgenes de maniobra. Al final, cuando asesinan a Carrero Blanco, lo que pasa en España es que Franco se queda rodeado exclusivamente de su camarilla, mientras muchos de los grupos del régimen empiezan a buscar otros espacios.

J. L. C.: —Rodeado de su familia, de su médico, de su mujer, de su yerno, de sus nietos, de Carlos Arias.

F. G.: —Ni siquiera de los nietos, los nietos eran cosa distinta.

J. L. C.: —La verdad es que consiguieron, después de muerto Franco, y en un año, hacer lo que no consiguió el partido comunista, ni toda la oposición junta, en cuarenta: corromper el franquismo sociológico. Se divorciaron, abandonaron el Ejército..., destruyeron y conculcaron todos los valores morales típicos de los que presumía el régimen de su abuelo. Pero bueno, familia aparte, salimos de la dictadura mediante el consenso, y ahora parece que nos llega la «segunda transición», con la que vienen otro tipo de acuerdos, entre el PSOE y el PP, que a mí me parece que pueden ser una trampa para la oposición.

F. G.: —La gente de mi partido que propone y hace los pactos siente una necesidad que forma parte de nuestra cultura: fortalecer algunas áreas sensibles en el funcionamiento de la democracia. El pacto antiterrorista, que yo apoyo, tenía una vocación incluyente, y esa vocación, cosa que nadie se atreve a decir, la liquidó el PP al aceptarlo. Primero no lo quería, por cierto, pero al aceptarlo lo hizo excluyente.

J. L. C.: —No lo quería, no. El resultado, hoy, es que si no firmas el pacto antiterrorista —o no te gusta— parece como si no estuvieras contra el terrorismo. Les ha sucedido hasta a los obispos. Ése es un escollo grave para la unidad de los demócratas. Todo un desatino. Resulta, incluso, inmoral.

F. G.: —Porque lo que quieren los dirigentes del PP es que los demás digan «sí, *bwana*» a lo que hagan. «Yo hago esta política antiterrorista y si usted la critica, es un traidor». Las mejores esencias del franquismo se están reproduciendo. Como no hay una cultura histórica de lo que fue aquel régimen, eso puede colar: «Usted es traidor a la patria si critica la política exterior», por muy ridícula que sea. Además, en el tema del terrorismo han hecho lo peor que se podía hacer, que es alimentar la propaganda terrorista con su propia propaganda. ETA tiene el máximo de altavoz y el Estado el mínimo de eficacia frente al terrorismo. Tardará en percibirse el precio que pagamos por esta política y por la que la precedió, destruyendo una parte de la seguridad del Estado.

J. L. C.: —Una política generalizada de pactos bilaterales sirve primordialmente al poder, pero no fortalece necesariamente el consenso democrático. Da la impresión de que Rodríguez Zapatero firma con el PP porque tiene una especie de mala conciencia, no sé si él o el partido, como si se hubieran asumido las acusaciones de la derecha, eso de que los socialistas tienen que purgar la corrupción y los crímenes de Estado. Independientemente de que haya habido crímenes y corrupción, esa mala conciencia que aparece en determinadas actitudes del partido socialista actual es rechazada por muchos de sus votantes. Es como si el nuevo líder del PSOE necesitara comportarse como un chico educado para volver a ser aceptado por la derecha, proceso que tú ya experimentaste por otros motivos. Y es que tú representabas a los vencidos de la guerra civil, a todo aquello a lo que la derecha temía, y tenías que hacer un esfuerzo para demostrar que la izquierda no era tan mala, que no había llegado el diablo al poder. Ahora los socialistas actúan como si tuvieran que dejar patente y claro que han purgado ya, que éste ya es otro partido y que el felipismo ha terminado. Pero el felipismo es, sobre todo, una invención de tus enemigos. También da la sensación de que Zapatero piensa que tiene tiempo por delante y puede administrarlo para llegar al poder. Claro que el problema no es si él tiene tiempo o no, el problema es que representa las voluntades de millones de españoles que miran otro calendario. La gente que vota una opción no está en plan de ver si dentro de doce años este hombre, tan simpático y educado, funciona y nos gobierna, lo que pretende es que haya una alternativa política, moral, de todo tipo, en las próximas elecciones. Y me preocupa, más todavía, la percepción de que hay a quien le encanta ser el segundo. Es comodísimo ser el líder de la oposición si no tienes una ambición definida, o si eres tan joven que piensas que el tiempo te dará la razón. Por eso estuvo bien la frase de Aznar en el Parlamento: «Lo hace usted tan bien, señor Rodríguez Zapatero, que, si sigue así, volverá a ganar las elecciones para jefe de la oposición».

F. G.: —Era mía esa frase, empleada con Fraga en los años ochenta, cuando presumía de ser número uno de todas las oposiciones.

J. L. C.: —¿Era tuya? Pues, tuya o del otro, es estupenda. O sea que Zapatero lo hace tan bien, que quedará otra vez segundo. No sé hasta qué punto los pactos bilaterales no trabajan en ese sentido. Como hay que luchar contra el terrorismo, organizar la justicia, la inmigración, hay evidentemente tantas cosas que necesitan de un pacto, pues hagámoslo. Pero el pacto necesario es sólo el reconocimiento legal de unas reglas de juego. De otra forma, cuando dentro de ocho o de doce años haya alternancia en el Gobierno no será, necesariamente, un cambio de la estructura de poder en España sino, simplemente, eso, una alternancia de la burocracia de los partidos. El día en que ganó la izquierda en 1982 hubo un intento de cambiar esa estructura del poder, pero el retorno de la derecha, sus modos y sus fines, ha puesto de relieve que el ensayo resultó fallido en gran parte. El poder social no se ha renovado tanto como aspirabais.

F. G.: —No está decidido con carácter previo a quién beneficia el pacto bilateral. Naturalmente, los acuerdos básicos deben ser lo más incluyentes posible para tener el carácter de áreas de consenso. El del terrorismo yo lo hubiera propuesto, aunque no me parezcan aceptables las condiciones excluyentes que puso el PP para que el pacto no fuera extensible a otros. La verdad es que no lo querían ni siquiera con nosotros. Partiendo de esa base, seguiría hablando de la necesidad de ser incluyentes, cosa que me han criticado varias veces. No hace falta que lo vuelva a decir, ya me lo echaron en cara cuando lo expresé así en el homenaje a Ernest Lluch[6]. El motivo de la inexistencia de pactos que fortalezcan la democracia en serio con este Gobierno es que nunca va a aceptar una reunión de varios grupos, ni en el pacto antiterrorista, ni en el de la justicia, ni en el de la inmigración. Toda su política se basa en la trampa de decir a cada interlocutor algo diferente y contrario al otro. Lo vienen practicando desde el principio. Es una política sucia, mezquina. Le dicen a Arzallus lo contrario que a nosotros, y contra

---

[6] El 21 de mayo de 2001 se celebró en Barcelona un homenaje en memoria del ex ministro socialista Ernest Lluch, asesinado por ETA el 21 de noviembre de 2000. En él, Felipe González acusó al Ejecutivo de José María Aznar de no tener «política de Estado», ni en el ámbito interior ni en el exterior, de hacer «electoralismo» con el problema del terrorismo y de «estrechar los márgenes de libertad» en España. González insistió en la necesidad de recuperar el «diálogo» y apuntó: «ETA ha logrado un gran triunfo, que es dividir a la gente que cree en la democracia».

nosotros. Exactamente igual hacen con los nacionalistas catalanes, con todos. No quieren que se reúna la gente a poner las cartas sobre la mesa y hablar entre todos. Por lo demás, no creo que en el PSOE haya la necesidad de ser aceptado por la derecha. Hay gente acomplejada en el partido, por lo que ha pasado y por las acusaciones agresivas y crispadas del PP, pero Zapatero no tiene ningún complejo ni acepta ese condicionamiento. Yo creo que lo está haciendo bien, que quiere ganar en las próximas elecciones y lo va a conseguir. Sus propuestas de acuerdos en temas como la inmigración son inteligentes y, sobre todo, necesarias. Pero temo que lo veas con la impaciencia con que yo mismo veo los calendarios y los ritmos.

J. L. C.: —Si es así, incluso aceptando la necesidad o la conveniencia de pactos bilaterales con el Gobierno, ¿no sería también de alguna manera razonable, o por lo menos táctico, o brillante, por parte del PSOE tratar de firmar acuerdos también con los otros partidos? Y ya no hablo de pactos, sino simplemente de actos. Sentarse a comer con los nacionalistas, vascos, catalanes, con el bloque gallego, con Izquierda Unida, etcétera, y que se vea que la oposición, aun estando en minoría, posee todavía una legitimidad histórica respecto a la construcción de la democracia, tiene algo que decirle a ese poder absoluto de la derecha que, aunque haya sido elegida y legitimada por las urnas, todavía carece, al menos en parte, de ese otro tipo de legitimación, por más que sus líderes piensen de otra forma.

F. G.: —¿No la tienen...?

J. L. C.: —En la medida en que no la tengan, amenazan la estabilidad democrática. La sensación que percibo es que los del PP están felices porque son la derecha de siempre, la que colaboró con la dictadura decididamente porque la engendró, pero encima, legitimada democráticamente. De algún modo es como si Franco se hubiera presentado a las elecciones y las hubiera ganado. Podemos ponerle todos los matices que queramos a esto, pero me parece que está claro lo que quiero decir. También votarían, a lo mejor, a Fidel Castro en Cuba.

F. G.: —Y a Milosevic lo votaban, más allá de los fraudes, no te quepa duda.

J. L. C.: —Y no contentos con eso, ahora hasta enseñan a los demás lo que es la democracia. Todo ello enlaza con lo que hemos hablado de la memoria histórica. Nos olvidamos de que las fuerzas políticas nacionalistas y de la izquierda tienen un historial democrático. A mí cuando me dicen que Pujol es un autoritario, pues... lo es, quizá; desde luego es un nacionalista, yo no lo soy, aborrezco el nacionalismo, pero Pujol tiene una biografía democrática y eso le distingue fundamentalmente, le pone límites.

F. G.: —Sí, su propia biografía es un límite, como la de todo el mundo.

J. L. C.: —Pues habrá que decírselo a tus compañeros.

F. G.: —Nos da miedo hablar de esa historia, poner a cada cual en su sitio. Algunos de los servidores mediáticos que tiene la derecha para legitimarlos en el poder andan diciendo ahora que nunca la izquierda fue democrática. Ellos no lo fueron antes, cuando se reclamaban de la izquierda, ni lo son ahora. Quieren hacer extensible su propia biografía a los demás, para tranquilizar a los que estaban vinculados a la dictadura. Por eso tienen el cinismo de dar lecciones de democracia, aunque sus biografías digan lo contrario.

J. L. C.: —Ocupan el poder los mismos que aseguraron que el consenso y la transición fueron un desastre.

Ahora que gobiernan ellos, por fin, presumen de que serán quienes resuelvan la situación.

F. G.: —Sí, pero además tienen unos pocos de acólitos que dicen pertenecer a la izquierda intelectual. Es repugnante ese tipo de gente, apoyando la reacción desde los pedestales de sus artículos y sus tertulias.

J. L. C.: —Tienen mucho que ver también con las tendencias anarquistoides de nuestro país.

F. G.: —No estoy seguro. No podemos confundir estas actitudes con la tradición anarquista, coherente e insobornable.

J. L. C.: —Yo veo una mezcla de anarquismo estético entre las plumas brillantes de la Falange y las plumas brillantes de lo que era el comunismo de opereta. Hay un hálito anarcoide, por así decirlo, un poco surrealista, que está en la tradición cultural española. Ernesto Giménez Caballero es un buen precedente.

F. G.: —¿Sólo anarcoide, sólo surrealista, o al servicio del poder establecido que alimenta y paga eso? Si fuera sólo anarcoide y surrealista no me preocuparía mucho. Pero no lo creo. Si fueran de buena fe, no tendría ninguna preocupación, porque no pesan. No, no. Hay una estrategia sistemáticamente orientada al servicio de los mandantes de la derecha en el poder. Don Pedro Sanz Rodríguez cuenta en sus memorias cómo, en la República, se pagaban a algunos de los teóricamente más radicales anarquistas para deslegitimar a los gobiernos progresistas. Narra esos detalles de violación de las reglas de juego, que se van conociendo con el tiempo. Pues igual está pasando ahora, salvando las distancias. Anguita, a mi juicio conscientemente, ha estado al servicio de la derecha, practicando de forma implacable la pinza contra los socialistas. Lo mismo que creo que el llamado «sindicato del crimen» ha operado coordinadamente para deslegitimar al Gobierno socialista y llevar al poder a la derecha y sostenerla en él. Como decía uno de los mismos protagonistas de la operación de acoso y derribo, no respetaron siquiera la estabilidad del Estado democrático, con tal de desalojarnos del Gobierno. Las operaciones de pinza entre la derecha y sectores del comunismo las conocemos. Y se siguen haciendo con los restos del naufragio. Es una pena para la memoria de tantos militantes de buena fe traicionados.

J. L. C.: —Bien, lo cierto es que, al comienzo de la democracia, el consenso básico se hizo en torno a la Constitución. En la ponencia que la redactó había gente tan inequívocamente de la derecha como Miguel Herrero, de la derecha clásica o franquista, como Gabriel Cisneros o Fraga. Y gente nacionalista, como Miquel Roca. Era una comisión verdaderamente plural, pero en ella no participaron los nacionalistas vascos, y eso nos persigue como una sombra desde hace veintitantos años.

F. G.: —Creo lo mismo. Pero quiero explicar por qué no participaron. Nosotros cedimos un puesto, de los dos que nos correspondían (de acuerdo con un reparto teóricamente proporcional), a los nacionalistas catalanes, pero la UCD se opuso a renunciar a uno de los suyos, para que estuvieran los nacionalistas vascos.

J. L. C.: — Eso es algo poco conocido.

F. G.: —Y ahora se negará rotundamente esta interpretación. Pero cuenta, ¿cuál era la composición de la comisión constitucional? ¿Quién falta? Nosotros teníamos un representante, Peces Barba, uno sólo, con el 30 por ciento de los votos frente al 36 por ciento de UCD.

J. L. C.: —Los comunistas tenían a Jordi Solé.

F. G.: —Convergència i Unió a Miquel Roca, que no tenía votos suficientes para estar. Tierno, para entendernos, obtuvo más votos y no pudo formar parte, por lo que se le dio la tarea de hacer el preámbulo.

J. L. C.: —Alianza Popular puso a Fraga. Y la UCD a Miguel Herrero, a Gabriel Cisneros y a Pérez Llorca.

F. G.: —Eso la UCD, tres. Así que cuenta: tres UCD, uno el PSOE, uno los comunistas, uno los convergentes y uno Fraga. ¿Cuál es la razón? Tres, más uno, que era Fraga, sumaban cuatro. Y si fallaba, había empate con los partidos que provenían de la oposición al franquismo. Nosotros hicimos que estuviera presente Convergència, cediendo uno de los dos que, en principio, nos correspondían. Otra cosa es que lo agradezcan o lo reconozcan siquiera. Por número de votos, los siguientes deberían ser los comunistas, y quedaba una decisión tremenda entre Fraga y los nacionalistas catalanes, porque Fraga tenía más votos, aunque no más representación parlamentaria, creo recordar. Ése era el lío. Claro que UCD, desde el principio, dejó claro que Fraga tenía que estar. Y tenía que estar, por cierto. Hubiera sido un error aún mayor dejarle fuera.

J. L. C.: —Tenía que estar porque era la representación más genuina del franquismo renovado.

F. G.: —Nosotros defendimos que UCD cediese uno de los tres, pero no querían o no podían aceptarlo, para garantizarse la mayoría en los temas en que todavía había profunda preocupación por las actitudes que pudiéramos mantener desde la izquierda o las posiciones nacionalistas. Incluso los comunistas inspiraban más confianza que nosotros en aquel momento, como ha recordado con frecuencia Martín Villa. Hemos pagado que el PNV no estuviera en la comisión constitucional simplemente por lo que he explicado. Claro, eso nunca se podrá demostrar más que como te lo estoy diciendo. Nosotros renunciamos a uno. ¿Teníamos que habernos cargado a Peces Barba, y quedarnos sin ninguno?

J. L. C.: —Tampoco era tan radical Peces Barba.

F. G.: —Fue el único que se salió de la comisión constitucional, el único, en el debate sobre la educación.

J. L. C.: —Quiero decir que era «gente de orden», en el mejor sentido.

F. G.: —Totalmente, aunque no tan de orden como Múgica. Pero volvamos a lo serio. El consenso constitucional se construyó para resolver cuatro problemas básicos, los grandes desafíos históricos que habían hecho imposible la convivencia en libertad, y provocado un alud de constituciones de la mitad de los españoles contra la otra mitad, desde comienzos del siglo XIX. El más importante, y aún no resuelto del todo, era el territorial, que se abordó en el título octavo con la propuesta de Estado de las autonomías. Es lo que dramatiza, retrospectivamente, la ausencia de los nacionalistas vascos, aunque la negociación con ellos fue, por eso mismo, más intensa que la que hubo en la propia comisión constitucional, en las materias que les afectaban, como los derechos históricos. La cuestión territorial es la que define, más que ninguna otra, los trabajos de la comisión, porque la forma de Estado no generó una discusión fuerte. Aunque hubo una resistencia por nuestra parte a que se dejara de debatir, nadie pretendía plantear la república como alternativa en serio. Luego estaba la cuestión social, que llevaba implícita la definición del derecho a la propiedad, una concepción del mercado y su dimensión social. Además, el carácter laico del Estado, con sus implicaciones en la enseñanza, entre otras y, finalmente, la supremacía del poder civil en la definición del papel de las Fuerzas Armadas. No sé si es útil recordar que las mayores dificultades se dieron con los representantes de Alianza Popular y los pocos que estaban aún más a la derecha. El actual presidente del Gobierno se encontraba entre los más acerbamente críticos de los contenidos a los que he hecho referencia, y del método del consenso, aunque ahora quiera aparecer como garante exclusivo de las esencias de la Constitución.

J. L. C.: —Yo me asombro al ver a esos que van con la Constitución como los requetés con el Cristo, dando mamporros a troche y moche y enarbolándola casi como un hacha en vez de como un símbolo de diálogo.

F. G.: —Es una verdadera desgracia, por el peligro que encierra, que la principal virtualidad de la Constitución, que es su vocación incluyente de la pluralidad y de la diversidad, se desvirtúe utilizándola como instrumento de exclusión. La gente reaccionaria, cuando cede territorio, va atrincherándose en lo que queda como si fuera suyo.

J. L. C.: —Me pregunto si tiene solución la convivencia en el País Vasco sin una reforma constitucional, o al menos sin una relectura de la Carta Magna.

F. G.: —La relectura, o la modificación constitucional, no garantizan una solución respecto de lo que está ocurriendo allí.

J. L. C.: —Yo no digo que la reforma constitucional resuelva el problema, lo que me pregunto es si se puede resolver sin ella. Sería condición necesaria, aunque no suficiente.

F. G.: —Sí se podría, aunque estaría bien que una reforma permitiera recuperar el consenso, incluso si no fuera elemento determinante de la respuesta.

J. L. C.: —Un debate ayudaría, por lo menos, a clarificar las cosas.

F. G.: —Necesitamos alguna plataforma para volver a ponernos de acuerdo, un motivo para reencontrarnos en el consenso y recuperar una lealtad constitucional para con la *res publica*.

J. L. C.: —El motivo puede ser esa reforma de la Constitución.

F. G.: —¡Claro! Y la reforma puede venir acompañada del proyecto europeo, del debate sobre el futuro de Europa, abierto después del fracaso de Niza. Se pueden ligar los dos procesos, sin confundirlos: cómo conformar, de nuevo, la voluntad nacional en torno a un proyecto europeo de ampliación y profundización, que permita incardinar la España diversa dentro de la Europa del futuro.

J. L. C.: —Las reformas constitucionales son absolutamente posibles y lógicas en los países democráticos, precisamente para eso existen las constituciones, para ser cambiadas mediante el diálogo y el consenso. Donde no se reforman las constituciones, salvo cuando el poder lo dicta, es en los regímenes autoritarios. ¿Por qué ese miedo evidente al cambio durante estos últimos casi veinticinco años? Hay quien dice que si abordamos un proyecto así los partidarios de la pena de muerte, o los de la república, de qué sé yo, tratarían de aprovechar la ocasión para llevar el agua a su molino. ¿Por eso no ha habido un debate? Cuando el general Manglano se hizo cargo del Cesid (yo estaba dirigiendo entonces *El País*), me preguntó cuál era el entorno de preocupaciones nuestras en la línea editorial, y le hablé de la reforma constitucional. Ya entonces había un debate al respecto, y ahora que tenemos un problema de convivencia en el País Vasco citar el tema es como mentar la bicha, casi un crimen de lesa patria, sin duda debido a la presencia del terrorismo. Pero yo no creo que el principal problema político español sea el terrorismo, en contra de lo que dicen las encuestas, y por muy doloroso que resulte, que resulta mucho. El principal problema político español es la convivencia democrática en el País Vasco, haya o no haya terrorismo, y eso se verá claramente el mismo día en que cese la violencia. ¿Por qué entonces no hay un debate sobre la reforma constitucional?

F. G.: —Lo más dramático es el terrorismo, aunque no fuera lo más decisivo políticamente. Sin esa espoleta las cosas se discutirían de manera diferente aun sin perder la complejidad y la dificultad. Pero no se hace el debate porque no lo quieren, y descalifican con todas sus baterías mediáticas a quien lo sugiere, achicando el espacio de posibilidad.

J. L. C.: —¿Y por qué no lo queremos tampoco nosotros?

F. G.: —Es explicable por qué no lo queríamos durante cierto tiempo. Ya hubo una reforma constitucional: la que tuvimos que hacer tras el tratado de Maastricht, constitutivo de la Unión Europea. No soy partidario de estar siempre cambiando la Constitución, que debe dar estabilidad. Sin embargo, creo necesaria la reforma si sirve para un propósito concreto perfectamente acotado, que permita o facilite la solución de un problema básico. Es evidente que no son las tablas de la ley, pero no porque pasen veinte o veinticinco años hay que revisar el marco constitucional, aunque eso es lo que sostienen algunos, incluso mis compañeros.

J. L. C.: —Eso a mí también me parece una tontería. Lo lógico son las enmiendas a aspectos concretos.

F. G.: —Eso es, reformas *ad hoc* para responder a un determinado desafío, como el territorial. ¿Por qué no se hace? Porque como no se ha revisado de dónde venimos, ni qué somos, ni qué hacemos, decir que se está por la reforma de la Constitución es como decir que no se tiene proyecto de país, que no se tiene un modelo de España. Eso explica que esta derecha, que estaba furiosamente en contra de la Constitución, la utilice ahora para arrugar a la gente que propone, sensatamente, reformarla. Se ha producido un ambiente de temor ridículo entre los progresistas ante la apropiación indebida de la Constitución por parte de la derecha en el poder.

J. L. C.: —Por parte de un partido político, en este caso de la derecha.

F. G.: —Pero es doblemente indebida esta apropiación. Porque, primero, no estaban a favor de ella, y, ahora, la utilizan como arma arrojadiza para descalificar a los demás, cuando es la primera Constitución de nuestra historia que tiene el mérito de haber sido fruto del consenso.

J. L. C.: —Podríamos convenir, según eso, que la mejor manera de apoyar hoy la Constitución, esta Constitución, es pedir su reforma, a fin de resolver el problema territorial español, y en el marco de nuestra inclusión en Europa.

F. G.: —Podríamos convenir que es bueno tocar la Constitución para la cuestión territorial en relación con el papel del Senado. Podría ayudar a resolver el problema de la diversidad de identidades que hay detrás de la cuestión vasca. Ésa es la formulación que yo haría, mucho más que suponer que podemos resolver así el problema del terrorismo o pensar que el cambio erradica la violencia. Para ETA, ninguna formulación democrática que respete la integridad territorial será aceptable.

J. L. C.: —El terrorismo vasco es hoy, definitivamente, un gangsterismo, un problema primordialmente policial, aunque tenga raíces o se ampare en idearios políticos. Como todas las mafias, tiene un determinado apoyo social.

F. G.: —Pero si no existiera, podríamos resolver mejor el problema del funcionamiento de una España diversa territorialmente articulada, para lo que hay que reformar el funcionamiento del Senado, como elemento clave.

J. L. C.: —Y sacar el debate del terreno de la autodeterminación y del ámbito de decisión del País Vasco para llevarlo a una nueva articulación del Estado en Europa.

F. G.: —Eso dejaría al descubierto a los que no creen en una democracia incluyente, sean los que sean. Ojalá resulten minoritarios de nuevo, y lo digo con toda la doble intención que se adivina.

J. L. C.: —Estoy pensando, al hilo de esto, que algunos han convertido su defensa de la Constitución en una especie de ofensa a la misma.

F. G.: —Así lo tengo escrito. La más grave traición a esta Constitución es convertirla en excluyente. Los que se apropian indebidamente de ella, porque la rechazaban como funesta para España, y sólo la usan como instrumento de recuperación del rencor, cometen esa traición que imputan a los constitucionalistas.

LA MONARQUÍA DE LOS CIUDADANOS

J. L. C.: —En todo este tiempo de conversación hemos recorrido una especie de círculo virtuoso en el que la recuperación del consenso, roto por la política del rencor, lleva a la necesidad de la reforma de la Constitución. Esta no es un vademécum que se aplica cuando uno está en apuros. ¿Por qué no se puede reformar, entonces, cuanto antes?

F. G.: —Sin duda se puede aunque, incluso sin reformarla, permitiría resolver la cuestión del consenso roto, y de la lealtad constitucional. En política se puede todo, si se actúa, de verdad, con seriedad y con altura de miras. Se pudo hacer una constitución pese a que las elecciones de 1977 no fueron convocadas para ello, con lo que habría cabido la posibilidad de cuestionar la legitimidad de la representación parlamentaria para esa tarea, de acuerdo con la legalidad de la época. Casi veinticinco años después, ¿en qué ha cambiado esta sociedad respecto de los cuatro grandes desafíos históricos que tratábamos de resolver? Algunos parecen retornar, sobre todo el territorial. Pero se abren brechas en el religioso, y hasta el militar se puede complicar con la profesionalización de las Fuerzas Armadas. El interés que tiene seguir ese esquema clásico es que nos lleva a la historia, y nos plantea todo el paquete del consenso constitucional, incluida la forma de Estado, que me parece la menos cuestionada.

J. L. C.: —Pero lo fue mucho en su día. Al fin y al cabo, el Rey estaba puesto por Franco y la oposición democrática, en su conjunto, era republicana.

F. G.: —El franquismo, la Falange, también lo eran.

J. L. C.: —Cantaban eso de «no queremos reyes idiotas que nos quieran gobernar». Éste no era un país monárquico. Me atrevería a decir que no es un país monárquico todavía, sólo es juancarlista.

F. G.: —Ésa es una forma de ser monárquico, o de no serlo y aceptar a Juan Carlos y su papel.

J. L. C.: —Estoy sorprendido, por cierto, casi maravillado, con la aventura de Simeón de Bulgaria presentándose a las elecciones, ganándolas y coronándose luego como primer ministro. Una cosa bien rara. A veces descubro en esa peripecia un reflejo de lo que ha pasado con el juancarlismo en este país, aunque se trate de un proceso completamente diferente, porque aquí se han mantenido las formas monárquicas, y fue necesaria la renuncia al «España, mañana, será republicana», que era el eslogan clásico de la izquierda, de comunistas y socialistas. Decía Carrillo del Rey que sería Juan Carlos el Breve. Para conjurar tal profecía, el monarca necesitaba desprenderse de su origen franquista. Yo le acompañé cuando era príncipe de España, en su viaje a Japón, en 1973, y ya entonces hablaba, casi extasiado, del hecho de que los gobiernos de izquierda de los países nórdicos respetaran la monarquía y sus diputados la vitorearan. O sea que, con Franco vivo, él tenía ya ese sentimiento.

F. G.: —Lo que cuentas casa con la famosa anécdota de sus declaraciones al *New York Times* —creo— durante una visita a Estados Unidos, siendo príncipe. A su vuelta, le advirtieron de que el Generalísimo había leído la entrevista, en la que dejaba entrever por dónde iba a ir la cosa después de la muerte del dictador. Total, que cuando se encontró con Franco, éste le recibió con el periódico sobre la mesa de su despacho y le dijo: «Tenga usted en cuenta que uno es dueño de lo que calla y prisionero de lo que dice». Ésa fue toda la conversación, y todo lo que pasó en lo que parecía iba a ser un complicado encuentro.

J. L. C.: —Buena frase. Franco hacía bien las frases.

F. G.: —Que el Rey era heredero de Franco resultaba obvio, y Franco se muere en la cama. Nuestra transición está marcada por ese hecho. La muerte del Caudillo abrió un espacio de oportunidad y otro de riesgo. Oportunidad, acompañada de riesgo, que hacen la transición peligrosa para los demócratas, y también para los vinculados al franquismo. En su autobiografía, *Contra el olvido*[7], Alberto

---

[7] Alberto Oliart fue ministro de Industria y Energía (1977-78); ministro de Sanidad y Seguridad Social (1980-1981) y ministro de Defensa en 1982. Es autor de *Contra el olvido*, Tusquets, Barcelona, 1998.

Oliart explica que su familia no luchaba por los privilegios, no era franquista por eso, sino por la defensa del estatus, que creían amenazado. He reflexionado mucho sobre ello y lo encontré magníficamente expuesto en ese libro. La izquierda ha tenido la tendencia a confundir privilegio y estatus, pero la Guardia Civil y los militares —por ejemplo— no defendían privilegios porque no los tenían. En el franquismo estaban peor tratados que en la democracia, desde el punto de vista profesional o retributivo. Sin embargo, en la transición, se sentían en peligro por ese cambio que, para nosotros, representaba una oportunidad. Bueno, pues quien moderaba la parte de riesgo para unos y para otros era el Rey. Juan Carlos aparecía como el garante de que los estatus no iban a ser brutalmente alterados, y a esto se aferró todo el mundo.

J. L. C.: —Pero era el Rey, no la monarquía. Era este Rey, sobre todo en su condición de jefe de las Fuerzas Armadas. Cuando el Generalísimo redacta de su puño y letra un testamento, se lo da a su hija Carmencita, que lo lleva siempre en el bolso durante los días de la agonía del dictador. Una vez que ella va a ver a su padre a la clínica, éste le pide que se lo lea y en el momento en que dice «os pido a las Fuerzas Armadas que apoyéis al Rey», o algo así, porque cito de memoria, el propio Franco matiza: «pon al rey Juan Carlos».

F. G.: —Fantástico, se dio cuenta de que podía ser otro que no fuera de su gusto. Por cierto, yo conocí a don Juan no en las excursiones erótico-políticas de la Junta Democrática a Estoril, en las que no creí jamás, sino después, cuando ya se habían producido las elecciones de 1977. Pedro Sainz Rodríguez preparó el encuentro en un almuerzo. Don Juan, que estaba con su cáncer ya avanzado, me dijo: «Mire usted, en realidad la gran fortuna de la monarquía hoy es que no hay monárquicos que la defiendan». Una descripción perfecta de por qué iba a sobrevivir la corona. Yo le seguí la frase y contesté: «Sí, porque si hubiera veinte mil como Anson la habrían destruido». Ésta es la clave de bóveda de toda la comprensión del problema. Lo menos que se podía despachar en rey, en monarquía, en el sentido tradicional, era Juan Carlos, lo cual era una garantía para la izquierda o los republicanos. Era el rey republicano, para entendernos, como rezaba el cartel que tenía delante en una visita a Venezuela: «Juan Carlos I. Rey de la República Española». Y lo máximo que se podía pedir como garantía de defensa del estatus, en una dinámica de cambio, era el rey Juan Carlos. La coincidencia de esos dos factores lo hacen imprescindible para la transición, con una condición añadida, que nunca se le ha reconocido suficientemente: el Rey tuvo todo el poder en sus manos, y en términos absolutos, pero no lo ejerció ni siquiera antes de la aprobación de la Constitución. Prefirió hacer uso de su poder moral o arbitral, sin invadir el espacio de gobierno.

J. L. C.: —Yo tengo una explicación añadida para eso. Pienso que la convivencia con su cuñado le hizo aprender la lección. Constantino entregó el poder a los generales en Grecia y los coroneles lo pusieron en la calle. Supongo que eso le ayudó a entender lo que no había que hacer para mantener el trono: apoyarse en el Ejército. Era un certificado seguro de que lo perdería. Por lo mismo se da cuenta de que él, aun siendo el jefe formal de las Fuerzas Armadas, tiene una autoridad moral, pero no puede encabezar un golpe de Estado ni nada parecido.

F. G.: —No tenía, ni siquiera, necesidad de hacerlo, podía haber continuado con el poder absoluto, que había recibido de Franco, e irlo modificando, como le recomendaban algunos de los teóricos del régimen, cediendo parcelas de libertad poco a poco.

J. L. C.: —Al mismo tiempo tenía el ejemplo de Margarita de Dinamarca. O sea, que mientras los socialistas vitoreaban la monarquía en el norte, los militares la destruían en Grecia.

F. G.: —La primera vez que hablé con el Rey me preguntó: «Bueno y ¿por qué tiene que ser necesariamente republicano un socialista?», y me puso el ejemplo de las monarquías nórdicas. Yo me reí un tanto desconcertado, porque no me esperaba que me planteara eso en el primer contacto, y le conté la famosa anécdota de la llegada de los socialistas suecos al poder en los años treinta. El rey les recibió y les dijo: «Ustedes han vencido con un programa republicano, tienen por tanto derecho a aplicarlo, pero les sugiero que por lo menos durante un tiempo prueben a seguir conmigo». Cuando terminó la razonada conversación sobre la sugerencia, y salía del despacho el primer ministro sueco, el rey le espetó: «Ah, además le aseguro que es más barato»[8].

J. L. C.: —Lo mismo se puede decir de Juan Carlos en la transición: fue más barato como motor del cambio, aunque creo que también se ha sublimado eso.

F. G.: —Más que motor del cambio fue el referente tranquilizador para que el cambio fuera posible. Sólo en un aspecto clave hizo de motor del cambio: tenía el poder absoluto y no lo ejerció.

J. L. C.: —De todas formas, ¿por qué es tan difícil, y tan raro, criticar al Rey o a la familia real? Aparte de la inviolabilidad constitucional parecen tener otro tipo de bula.

---

[8] La anécdota se recoge en una conversación mantenida por Felipe González con Olof Palme, primer ministro sueco, en 1980.

En este país hay libertad de expresión sobre casi todo, menos sobre el Rey y la institución. Las mofas que hay acerca de la monarquía en Inglaterra o en Holanda no se producen aquí, y yo, lejos de creer que eso sea necesariamente beneficioso, pienso que sólo demuestra que la institución es tan endeble que, si se hicieran burlas o chistes, se crearía un problema mayor que no nos conviene tener. El papel de Juan Carlos no está sustentado sobre un valor reconocido de la monarquía. Por un lado es un rey sin corte y los monárquicos no cuentan casi nada, eso está bien. Por otro, no ha habido una teorización suficiente de la corona como elemento aglutinador de la convivencia democrática, lo que genera ahora interrogantes sobre si el príncipe Felipe reinará o no, en función de cómo sea su novia. El Rey no tiene ya el poder moderador sobre las Fuerzas Armadas que ejercía en la transición, y el príncipe mucho menos. Además, las propias Fuerzas Armadas no son ya determinantes. El caso es que a la gente le intriga el futuro de la monarquía en España pero no se habla mucho, salvo en la crónica frívola, porque es mejor no hacerlo. Esta norma comienza a romperse ahora, en parte, con la polémica sobre Eva Sannum, aunque se hace en un contexto enrarecido y bastante oportunista.

F. G.: —Me parece una reflexión interesante. Hay que empezar a hablar en serio, primero, sobre si es o no criticable la monarquía, que lo es, y si conviene o no criticarla como se hace con otras instituciones. Yo tengo más dudas sobre eso. Siendo éste un país tan discutidor y habiéndole llevado ese talante a tantos desastres históricos, la gente se siente tranquila de que haya algo que no se someta constantemente a un escrutinio crítico, como solemos hacer. El papel de Juan Carlos no ha sido institucional monárquico en el sentido tradicional español, sino juancarlista, monárquico republicano. No sabemos si este país ha aceptado o no la monarquía, lo único que sabemos es que hasta ahora ha aceptado de buena gana a Juan Carlos, que goza del mayor consenso imaginable. El papel que yo he hecho, sin ser monárquico, ha sido de fortalecimiento de la institución de una manera permanente y consciente. Me habrá salido mejor o peor, pero he querido transformar el papel de Juan Carlos en la transición en el de rey moderador y estabilizador de las relaciones complejas (sociales, políticas, territoriales) de este país. Fui muy criticado cuando el actual presidente del Gobierno hizo una visita oficial al País Vasco al comienzo de su mandato. Me dijeron: «lo que no ha hecho Felipe en catorce años, este hombre, a los tres meses de llegar, ya lo hace: una visita oficial a Euskadi». Me callé, pero sabía que no habría ninguna visita oficial más de esas, ni al País Vasco ni a ningún otro sitio. Porque el respeto al papel institucional de la monarquía exige algunas actitudes. Ese papel yo lo estimulé a tope y cuando me fui se acabó el estímulo. Yo no creía que tuviera que visitar oficialmente el territorio de mi país, era el jefe del Estado quien tenía que hacerlo.

J. L. C.: —O sea que nosotros decimos que somos republicanos, pero creemos que el rey Juan Carlos ha rendido servicios inmensos a la democracia y a la convivencia entre españoles. Somos republicanos, pero apoyamos a Juan Carlos.

F. G.: —No, apoyamos a esta monarquía, para ser más coherentes.

J. L. C.: —Entonces, ¿qué dificultad tenemos para reconocer que, en realidad, somos monárquicos? De esta monarquía, pero monárquicos. ¿Qué vergüenza intelectual, o cultural, o moral, tenemos de decir que somos monárquicos?

F. G.: —Yo no tengo ninguna vergüenza de decirlo. Probablemente tengo un atavismo cultural, con el que no me siento incómodo, a pesar de la aparente contradicción.

J. L. C.: —Es decir, ¿cómo vas a ser tú, o cómo puedo ser yo, monárquico, si hemos sido republicanos toda la vida?

F. G.: —Es una minusvalía, o quizás lo contrario, una plusvalía cultural: creo que es más razonable la república, pero al final es mentira que lo crea y me considero accidentalista, como decían los clásicos. Si asistiéramos en la próxima legislatura, o en la siguiente, a la confrontación de un sistema electoral directo respecto de la república, probablemente no resolveríamos los problemas de los que venimos hablando, sino que los agravaríamos.

J. L. C.: —A propósito, el papel de la monarquía en la resolución del conflicto territorial es algo que habría que investigar... Estoy seguro de que, antes o después, el Rey jugará algún rol en la resolución del conflicto vasco. Bueno, aceptemos que somos monárquicos, pero no de cualquier monarquía. ¿Por qué no se plantea entonces que el entorno de trabajo del Rey, de trabajo profesional, no el entorno familiar, esté sometido a control parlamentario?

F. G.: —No estoy seguro de que eso no deba ser una responsabilidad que, como otras, asuma el Ejecutivo. Éste, a su vez, responde ante el Parlamento. Me parece más correcto y operativo. El rey reina, pero no gobierna.

J. L. C.: —No existe tal control.

F. G.: —Existe.

J. L. C.: —Pues no se ejerce.

F. G.: —Lo que ocurre en la casa real, nombramientos, financiación, funciones de representación, etcétera, se hace con el conocimiento y consentimiento del Ejecutivo.

J. L. C.: —Da la sensación de que ése es un lugar acotado.

F. G.: —Lo acotado no es significativo, de todas maneras, en su dimensión política.

J. L. C.: —Pero sí lo son sus consecuencias. Estoy sorprendido por el cambio de paisaje en muchos actos oficiales organizados por la casa real. Durante la transición, el consenso político estaba representado en toda su diversidad.

F. G.: —Ahora, cada vez menos.

J. L. C.: —Ahora sólo va la derecha, un tipo de derecha, y la representación mínima institucional: los grupos parlamentarios y quizás, alguna vez, algún sindicato. Pero esa representación de la España plural, en todos sus sentidos, que había antes en las recepciones en el Pardo, y que además las hacía divertidas, eso se ha perdido, me atrevo a decir que casi por completo. No hay un esfuerzo por incorporar un amplio consenso social al mundo del jefe del Estado.

F. G.: —Mientras ejercí mi responsabilidad en el Gobierno quise que la monarquía consolidara una relación con la España diversa y plural, en todos los sentidos, en el territorial, en el social, en el cultural, dentro de España y en nuestra representación en el exterior. Nunca quise hacer sombra, sino lo contrario, a la figura del Rey. Y ahora vienen jefes de Gobierno que no pasan por la Zarzuela, jefes de Estado en visitas de trabajo que se elude que acudan a ella o que pisan sólo tangencialmente el palacio. Todo el protagonismo se desplaza hacia el Ejecutivo. Parece que la voluntad del Gobierno actual es minimizar la presencia de la monarquía para maximizar la suya.

J. L. C.: —A mis amigos republicanos, cuando protestan por la monarquía, yo les digo: ¿os fijáis que si España fuera una república, Aznar a lo mejor era ahora el presidente ejecutivo de la misma? Entonces se vuelven monárquicos, monárquicos republicanos.

F. G.: —A mí lo que me da miedo del debilitamiento de la monarquía no es sólo la ausencia de ese contacto que dices, sino la percepción popular de la relativa y creciente inutilidad de la institución.

J. L. C.: —Y el no uso de los medios de comunicación para crear una imagen adecuada. Al principio de la transición insistí mucho en que en TVE se hablara de la historia de la monarquía en España, de forma dramática y polémica, con una intención didáctica; y ahora se está contando una historia de vino y rosas, romántica, de una monarquía que nunca existió. Nada de eso sirve para reforzar la imagen de la institución. Apoyamos, sin matices, a personajes tan controvertidos como Felipe II, de los que es difícil sentirse orgulloso.

F. G.: —Lo sientas o no, lo que es una estupidez es pretender que se lo traguen en Iberoámerica, olvidando que lo hispano es para nosotros un espacio de oportunidad que hay que cuidar seriamente. Este país se está quedando sin elementos de cohesión y la monarquía es un intangible que sirve para cubrirlos. Si no es así, se debilitará. Responsablemente he querido que juegue con plenitud su papel integrador de esta sociedad, y de representación a nivel internacional, y particularmente iberoamericano. Como nunca me he sentido tapado por la figura del Rey, no lo he mirado como a un competidor. Eso es lo que ha desaparecido. ¿Es posible que ese papel se recupere con otro presidente del Gobierno, incluso de la derecha? En mi opinión sí, por tanto esto no es un problema ideológico, es un problema de personalidad. Lo que pasa es que se está debilitando el papel de la monarquía y ésta será una cuestión difícil para el próximo presidente, sea de izquierdas o no.

J. L. C.: —Las casas reales parecen preocupadas por la unidad de Europa. Si tiene que haber algún tipo de Gobierno o de Parlamento europeos, con mayor soberanía, si hay un presidente de la Unión, o un primer ejecutivo, o como queramos llamarlo, ¿qué papel juegan los monarcas? Porque los presidentes de las repúblicas se pueden acomodar y además pueden ser ellos mismos presidentes de la UE.

F. G.: —La cuestión plantearía la misma incompatibilidad con los presidentes de las repúblicas que con las monarquías, porque no tiene que ver con la forma de Estado. La visita oficial más interesante a ese respecto que yo recuerdo fue a Gran Bretaña, incluida una audiencia con la reina. Eran los tiempos de la discusión sobre Maastricht, cuando debatíamos sobre el futuro de Europa. Le pregunté al embajador español si tenía que saber previamente algo de lo que podría interesar a la reina en la conversación. «Ah, no, no —me contestó—, como el verano pasado han estado los príncipes en Mallorca pues hablará de eso, y del tiempo. Va a ser una conversación corta y cordial, es una mujer culta, cualquier comentario en ese sentido, pero de ninguna manera un diálogo político». Llego al palacio de Buckingham y me dice la reina: «Oiga, usted habla francés ¿no? ¿Le importa que conversemos en esa lengua? Va a ser más cómodo sin intérpretes, pase usted a esta salita». Nos sentamos los dos solos, y me hizo dos preguntas, una que viene al caso: «¿Usted cree que en este debate sobre la federalización europea, y un Gobierno de Europa, tiene algún papel la monarquía como institución o tenderá a desaparecer?». Primera pregunta. Segunda cuestión: «¿Qué piensa usted de la señora Thatcher y cómo se lleva con ella?». ¡Ésa fue la conversación, sin contenido político!

J. L. C.: —¿Y cuál tu respuesta?

F. G.: —Le dije que en el horizonte en que uno puede hacer previsiones políticas responsablemente, no creía que hubiera ninguna probabilidad de cuestionar la representación institucional de los países europeos, monárquicos o republicanos. Un posible Gobierno de una Europa unida, en la que cada Estado apareciera como una región o como uno de los estados americanos, con un gobernador al frente, no lo contemplaba ningún responsable de Europa. «Claro —añadí—, si me pregunta usted lo que va a pasar dentro de un siglo, no sabría qué decirle». Nadie se atrevería a realizar una previsión a ese plazo, salvo los chinos.

J. L. C.: —Es que ellos sí lo saben.

F. G.: —A ellos sí les preocupa, no sé si lo saben, pero les preocupa, y son capaces de hablar en esos términos.

J. L. C.: —En realidad todo eso depende de cómo se organice el poder en Europa, de qué atribuciones tengan la Unión, los poderes locales y, finalmente, los Estados.

F. G.: —El reparto funcional transferirá algunas competencias al centro y detraerá algunas del centro hacia la periferia. La gran eficacia del modelo americano es que de verdad es subsidiario, por su origen, porque no tuvo en cuenta la diversidad, que era constitutiva. Era un pueblo de inmigrantes, su ciudadanía se basaba en esa misma condición para todos. Por eso allí se aplicó la subsidiariedad pura y se creó algo muy apropiado para la época en que vivimos: una democracia local y un poder global, con el 20 por ciento del Producto Interior Bruto en el presupuesto federal. Nosotros tenemos poco más del uno por ciento en el presupuesto europeo. En Europa no van a desaparecer las estructuras territoriales diferenciadas de cada uno de los Estados por problemas de identidad, de historia. Además, no creo que se necesite. O sea, lo que salva a las monarquías, como a otras instituciones, es la identidad, no la subsidiariedad.

J. L. C.: —La monarquía juega un papel en eso, incluso para los republicanos.

F. G.: —No sólo la monarquía, en Francia es la república, el pacto republicano. ¿Cuál es nuestra desgracia histórica? Que nuestros elementos identitarios no son ni republicanos ni monárquicos, nunca hubo ni un pacto republicano ni un consenso monárquico hasta ahora. Por eso España, que es un Estado-nación antiguo, resulta muy moderno desde el punto de vista del pacto republicano, incluida la monarquía. Es una España novísima, y su novedad consiste en que por primera vez ha habido un acuerdo constitutivo del Estado-nación libremente aceptado por las partes. El problema en la construcción europea es que la doctrina jurídico-política no tiene términos para definir el modelo resultante, el sistema que creamos. Así como la doctrina económica es adaptable a las transferencias de poder más allá de las fronteras, es capaz de ser flexible para asumir los fenómenos que estamos viviendo, la política, por definición, es más conservadora y sólo explica las cosas desde la concepción doctrinal a la que dio lugar el Estado-nación en sus diferentes variantes conocidas: unitaria, federal, confederal.

J. L. C.: —Hay cuestiones un poco folclóricas de la monarquía que tienen que ver con todo esto, y fueron relativamente importantes en la transición. Me refiero a los aspectos del protocolo. El hecho de que éste sea un Rey sin corte, sin maneras monárquicas, no evitó cierta polémica sobre las formas externas del vestir en los actos oficiales, discusión que tú mismo encabezaste. Ni siquiera querías ponerte corbata, parecía una traición a tus convicciones.

F. G.: —Me costó vestir el esmoquin y ahora me niego a usarlo.

J. L. C.: —No sé si sabes que, cuando estabais en la oposición, siendo presidente Suárez, me llamó Paco Ordóñez[9] para pedirme, por favor, que en las recepciones oficiales yo no fuera de esmoquin, contra lo que demandaba el protocolo. Como los socialistas no os lo poníais y los comunistas tampoco, no querían que os sintierais desplazados.

F. G.: —Jamás me enteré, es la primera noticia que tengo de eso, y me parece simpática.

J. L. C.: —No querían discriminaros ni por el color de la camisa. Es un dato interesante.

F. G.: —O por el frac, lo que correspondiera.

J. L. C.: —Lo del frac vino más tarde, en las cenas de palacio, que en aquella época todavía no se hacían. Bueno, esto es anecdótico, pero pone de relieve hasta qué punto el debate político afecta, aún hoy, a las formas externas. Yo me río cuando voy ahora a las grandes empresas norteamericanas, en donde, debido a la moda impuesta por Silicon Valley, la moda Internet, los únicos que llevan corbata son los conserjes. Los demás, de presidentes a empleados, visten todos a lo progre, como si

---

[9] Francisco Fernández Ordóñez (1930-1992) fue un destacado miembro del ala más progresista de la UCD, bajo cuyos gobiernos fue ministro de Hacienda y de Justicia. Destacan sus reformas fiscales y la ley del divorcio. En diciembre de 1982 ingresa en el PSOE. Desde julio de 1985 hasta 1992 ocupó la cartera de Asuntos Exteriores con los gobiernos de Felipe González.

fueran arquitectos catalanes. Llevar corbata es un signo de la clase social baja en este momento. ¡Y tú te resistías a ponértela! Hay otras cuestiones, en cambio, que parecen frívolas pero no lo son tanto, como con quién ha de casarse el heredero del trono.

F. G.: —¡O sea, que fui un precursor del «sincorbatismo» como elemento de distinción! El tema del matrimonio del príncipe es delicado, porque además lleva implícito el problema sobre la sucesión al trono de las mujeres, que está mal resuelto en la Constitución. No se puede de ninguna manera mantener una discriminación de esa naturaleza. Cuando me preguntaron por la boda de don Felipe, traté de aliviar la posible tensión diciendo que si tenemos que confiar en el príncipe para que sea jefe de Estado, deberíamos poder hacerlo para que elija pareja. Éste es un principio republicano y por tanto no directamente aplicable a la monarquía, aunque es también de sentido común. Pero como la lógica no es todo lo que de verdad cuenta, y menos en este terreno, creo que, desde el punto de vista institucional, puede crear problemas ese matrimonio. Parece una contradicción, y seguramente lo es, pero la inmensa mayoría de los ciudadanos españoles entiende lo que digo: estarían de acuerdo en que tenemos que confiar en su elección, y tendrían dificultades en verse representados institucionalmente por una persona que, con todo el derecho del mundo, ejerce la profesión de modelo, con la imagen que proyecta.

J. L. C.: —Vuelvo a lo que hemos hablado antes, ¿no sería razonable que existiera un sistema, un método, igual para elegir al secretario de la casa del Rey, a los ayudantes, la gente que le rodea, que para decidir esto? El principio republicano es que cada cual se casa con quien quiere, pero los monárquicos, y hasta los republicanos monárquicos, tienden a decir: «sí, eso es verdad, salvo en el caso de alguien que va a ser jefe del Estado, lo que tiene sus ventajas y sus limitaciones».

F. G.: —Si no hubiera exhibido modelos de ropa interior, ¿sería aceptable?

J. L. C.: —Ésa es mi pregunta, también, porque todo esto sucede porque la chica es modelo. Si fuera licenciada en románicas e...

F. G.: —... igual de bonita...

J. L. C.: —... o fea, da lo mismo, entonces probablemente no se plantearía nada de esto, ni diríamos lo que estamos diciendo.

F. G.: —¿Lo diríamos o no?

J. L. C.: —Yo, honestamente, creo que no. Hay un gran cinismo en este debate. Existen otras cuestiones, de las que no se habla, como que la aspirante es hija de madre divorciada, vuelta a casar o conviviendo con un personaje que se acomoda mal a la alcurnia de la jefatura del Estado. Por eso creo que hay que mantener el principio de que cada cual se casa con quien quiere.

F. G.: —Pero como va a ser jefe del Estado, la gente tiene derecho a pensar si elige bien o no según su criterio...

J. L. C.: —Allá él.

F. G.: —No, allá él, no: allá nosotros. Elige esposa y reina en el mismo paquete.

J. L. C.: —Allá él. Vamos a ver, esto conecta con la inefabilidad acerca de la familia real, tan sorprendente. En Londres se venden pósteres de la reina Isabel en el retrete. La gran duquesa de Luxemburgo es una plebeya cubana y Grace Kelly fue actriz, antes que princesa, para no citar los casos actuales de la mujer del heredero noruego, o la novia del holandés. El caso es que nosotros tememos que la monarquía no esté suficientemente asentada y que cualquier cosa acabe con ella. Eso lo temen los reyes y muchos líderes políticos o de opinión, monárquicos y republicanos monárquicos. No puede ser un valor republicano suponer que es indecente, inadmisible, o poco conveniente, el tener una reina que ha ejercido una profesión, no sólo legal, sino legítima y honesta, loable, y además satisfactoria, como modelo. Eso es una forma de discriminación en función de unos principios que no sabemos muy bien cuáles son. ¿Aceptaríamos que estuviera divorciada, que se casara con una divorciada?

F. G.: —Yo lo aceptaría y de buena gana. Ahora, ¿votaríamos en cualquier circunstancia sin tener en cuenta eso? No, la gente tiene en cuenta, a la hora de votar, lo que quiere, lo que le da la gana, incluidos esos temas. Pero al príncipe no le votamos, y la contradicción es que como no tenemos libertad de elegir, sí guardamos, por lo menos, la capacidad de tener un juicio, digamos... más exigente.

J. L. C.: —Habría que aplicar criterios más objetivos. ¿Es un valor negativo para una profesional de la pasarela haber pasado ropa interior en un acto público?

F. G.: —No. En absoluto.

J. L. C.: —Pues entonces, ¿por qué sí lo es para alguien que va a representar a un Estado? ¿Qué tipo de puritanismo es ése? Reagan posó en calzoncillos cuando era actor ¡y mira que fue reaccionario! Luego la gente lo eligió, divorciado como estaba, y vuelto a casar.

F. G.: —Pero, como tú dices, la gente lo eligió. El problema, si lo tenía, lo resolvió con su voto. Y aquí al ciudadano le viene dado, sea quien sea la futura esposa, y sea cual sea su profesión o su origen.

J. L. C.: —Le viene dado, ¿y qué? Si se casa con una mujer del Opus, contraria al aborto, al divorcio...

F. G.: —Tienes razón, tendría menos pegas, siempre que sus convicciones no interfirieran. En Bélgica se planteó el tema con Balduino y Fabiola por sus credos religiosos.

J. L. C.: —Tendría menos pegas depende de para quién, para mí tendría más.

F. G.: — Eso es. Para mí también.

J. L. C.: —Yo me he encontrado, sin embargo, con gente de izquierdas, liberales, demócratas, que dicen: «si quieren acabar con la monarquía, lo mejor es que se case con esta chica». Y lo piensan quienes están interesados en que todo eso suceda y quienes prefieren no sacudir mucho el árbol de este debate. Son personas de criterio, intelectuales, incluso progresistas, que piensan que la liturgia es importante. Por lo demás, el problema, se case o no se case con Eva, va a seguir ahí, porque con alguien se casará.

F. G.: —Sólo tengo la respuesta que hice pública como posición personal, y me he arrepentido de formularla porque he sido presidente mucho tiempo y he visto crecer al príncipe. Lo conozco desde que era adolescente.

J. L. C.: —Sigamos jugando el juego. Si fuera negra, judía... ¿Tenemos que tener una reina blanca y católica? ¿No puede ser de color? ¿No puede ser una reina con una profesión no homologable por los usos sociales de la alta burguesía?

F. G.: —O bastarda, o sin pureza de sangre, como tantas veces en la historia.

J. L. C.: —¿No puede ser bastarda? ¿No puede ser divorciada?

F. G.: —Sí, sí para mí. Y para otros no. Por eso no tiene solución, no hay procedimiento para resolver la discrepancia, lo que fortalece las convenciones aunque no te gusten o te parezcan absurdas.

J. L. C.: —O hay otra solución distinta, de la que tampoco se habla, porque esto tiene que ver con la educación del príncipe.

F. G.: —Me siento responsable de una parte de esa educación, que se me consultaba.

J. L. C.: —La elección de esposa depende de qué ambientes se frecuenten, uno encuentra novia en los sitios en los que se desenvuelve.

F. G.: —No, no, decir eso no es justo. ¿Por qué educas tú de la misma manera y en el mismo ambiente a seis hijos, o a cinco o a cuatro, y te salen diferentes, con opciones radicalmente distintas? Digamos que facilita el que haya un tipo de relación u otra, eso es cierto, pero don Felipe también se ha educado en el ambiente de todas las princesas imaginables y posibles. Yo estoy de acuerdo en que se case con quien le venga en gana, punto. Ése me parece el principio, la única limitación es que si elige mal, a juicio de la gente, o de una parte importante de la opinión, habrá problemas. No en el sentido de que se case con una modelo, sino de que se case con una persona que resulte o no aceptable a la gente, que tiene derecho a opinar sobre quién le caerá como reina. Si no gusta su elección, como la gente no tiene derecho a elegir la jefatura del Estado, se distancia. Ése es el problema, y no le vamos a dar ninguna solución porque no es racional. ¿Por qué un demócrata acepta la monarquía? Desde el punto de vista de la lógica representativa, no hay ninguna razón. Ahora, razones muchas: porque te sirve, porque es útil, porque es un elemento de moderación, estabilizador, por mil cosas. Pero eso no pertenece a la lógica democrática.

J. L. C.: —La contradicción es que aceptamos, desde valores republicanos y democráticos, la existencia de la monarquía por su utilidad como instrumento de cohesión y, sin embargo, queremos aplicar principios literal y exclusivamente monárquicos al comportamiento de ese rey. Insisto, por eso, en que es precisa una regla. ¿Hay que decirle al heredero, o a la heredera, de la corona, que una de las limitaciones que conlleva el ejercicio del trono es que no puede elegir consorte, como los demás mortales?

F. G.: —No me hagas mucho caso, pero probablemente esa regla existe, más o menos explícita. Y la hemos asumido con todo el paquete de la monarquía.

J. L. C.: —¿Quién la establece? ¿El Rey? ¿La establece la familia real o la establece el poder político?

F. G.: —La regla de que no hay elección a la jefatura del Estado forma parte de un paquete, que tú legitimas de una sola vez en la Constitución, para el Rey y sus herederos. Claro, lo puedes volver a cambiar y establecer la república. Pero el paquete tiene reglas escritas y no escritas, y dentro de las reglas no escritas que son, como siempre, interpretables, yo prefiero que el príncipe sea libre para optar en su matrimonio y otros preferirán que lo haga dentro de unas limitaciones, que encajen con su visión de lo que es la monarquía, o la institución. Por eso no tiene solución. Y la única, que no es posible, sería someterlo a votación, por lo que estamos en un callejón sin salida. La primera vez que sometas a votación una de las reglas de comportamiento de la monarquía en estas materias, has empezado su cuestionamiento.

J. L. C.: —La única solución que tiene es que exista un cierto consenso básico en la sociedad —volvemos a lo mismo— sobre qué valores tienen que determinar eso. Y el principio republicano sigue siendo el válido.

F. G.: —¿Tú crees que habría acuerdo sobre esto que estás diciendo?

J. L. C.: —Debería de haberlo.

F. G.: —¿Y si el consenso es lo contrario? ¿Si la gente no piensa lo mismo?

J. L. C.: —Sería muy mala señal, porque ésa es de las cosas —por nimia que parezca— que van a determinar la modernidad de nuestro país.

F. G.: —La conclusión es que no hay conclusión razonable. Tú dices que la modernidad depende de eso. No, es un indicador, pero nada más. La gente, ¿qué dice, qué defiende? Que sea normal su reina o su rey. Pero el concepto de normalidad ya no existe, porque no hay normas para elegir a una mujer, o a un hombre.

J. L. C.: —Somos presa de convenciones. Hay un problema de opinión pública en todo esto, el mismo que el del esmoquin en las fiestas reales u otros aspectos del protocolo. Yo no soporto el cabezazo y la reverencia ante el Rey. Creo que no tienen ningún sentido.

F. G.: —No lo tienen, no. Carmen Romero no la ha hecho, y a la mayoría no le extraña, sino lo contrario.

J. L. C.: —Sin embargo, el que no lo hace se significa, o el que lo hace, según se mire. Normalmente la derecha da cabezazo y la izquierda no.

F. G.: —A mí me parece bien esa distinción, que no siempre se produce. Porque teniendo el mismo grado de respeto, unos están indicando una forma de ver la institución, y los demás, otra diferente. La forma de quien no se inclina indica respeto cívico, la de quien se arrodilla es respeto de súbdito. Que en España haya gente que acepte con naturalidad una y otra posición me parece una diferencia interesante, aunque normalmente son más críticos los que se inclinan con los que no lo hacen.

J. L. C.: —Al Rey y a la casa real les gustan más los súbditos, ésa es su gran debilidad. Deberían darse cuenta de que esto ya no funciona así.

F. G.: —Pueden creer que de eso depende la institucionalización de la monarquía. Al Rey, me consta, le preocupa que haya juancarlismo, aunque le guste, y que no haya monarquismo. Su entorno le dice que la manera de que haya monarquismo institucional es la reverencia a la institución, lo cual es un error reduccionista a las formas.

J. L. C.: —Como nosotros hemos llegado al convencimiento de que somos monárquicos por conveniencia, hay que explicar que la única manera de que sobreviva esto es aceptar su funcionalidad a cambio de un compromiso cívico por parte de la familia real.

F. G.: —Definamos la monarquía que queremos: la monarquía institucional de los ciudadanos. Ese criterio debe ser la base para establecer las formas de relación y de comunicación entre la monarquía y los españoles.

J. L. C.: —Eso nos lleva inevitablemente a que el comportamiento del príncipe en su vida privada se tenga que atener a las convenciones de los ciudadanos en general y no sólo a las de los monárquicos. En Davos me invitaron, en enero de 2000, a una cena con los reyes de Jordania, en la que estaba también Steve Case, presidente de AOL-Time Warner. ¿Quién tiene más poder —me cuestionaba yo— y cuánta más gente se ve afectada por sus comportamientos y decisiones, Steve Case o el rey de Jordania? Evidentemente, era Case, aunque a mí ese monarca me cae bien, mejor que el padre, y pienso que puede ayudar a la pacificación del Cercano Oriente. A la salida de la cena, cuando el rey abandonaba el lugar, se presentaron media docena de limusinas, veintiocho guardaespaldas con metralletas, un séquito con aparataje terrible, toda una corte.

F. G.: —Y el otro, con las manos en los bolsillos.

J. L. C.: —Él solo, sin escolta, por la acera buscando su coche, pues no sabía bien dónde lo había aparcado. Y volví a hacerme la misma reflexión: ¿quién tiene más poder? El que va con las manos en los bolsillos.

F. G.: —El problema es definir lo que significa una monarquía de ciudadanos. No hay tradición suficiente como para describirlo, no hay perspectiva histórica. Nos resulta incomprensible, por ejemplo, ver a la reina de Inglaterra haciendo cada cuatro años un discurso de la corona que puede ser contradictorio con el anterior, porque es de un primer ministro diferente. Y sigue siendo la misma reina. Esto que no era necesario aquí, está empezando a pasar y es un error. Aunque en el caso inglés no se toma como tal, porque la gente lo acepta. En España no gusta que el Rey diga hoy una cosa y mañana la opuesta, por eso debe sobrevolar sobre la contingencia de las alternativas partidarias.

J. L. C.: —Algunas meteduras de pata le han hecho cometer, como la tontería de decir que el español no ha sido lengua impuesta, o cosas de ese género.

F. G.: —Ha hecho determinados pronunciamientos inoportunos, que no nacen de su voluntad. Pero volvamos al problema: ¿cómo se define una monarquía de ciudadanos que mantenga los elementos de cohesión, frente a una monarquía de súbditos, por muy ilustrada y cohesiva que fuera? La cuestión de fondo es que en la transición inauguramos históricamente un pacto por la *res publica*, por primera vez en la historia, y la gente no lo sabe.

J. L. C.: —Paradójicamente, aquí, las convenciones republicanas se hacen estables en torno a la monarquía.

Por primera vez, el concepto de ciudadanía moderna se edifica en torno al trono, igual que la construcción del capitalismo avanzado se hizo con un gobierno socialista: el tuyo. ¡Notable!

F. G.: —Son aparentes paradojas, coherentes con nuestras necesidades históricas. Carecíamos de un pacto republicano que resolviera el problema de la pluralidad ideológica y de la diversidad de identidades, para convivir voluntariamente dentro de un espacio. Eso ha sido posible con la monarquía actual y no lo fue antes, ni con la monarquía ni con la república. No digo *a consecuencia de*, sino *con* la monarquía. Es el pacto constitutivo que se produjo en la república francesa. Por otro lado, la modernización de España llevaba aparejada la incorporación del pensamiento liberal, nunca practicado por los españoles porque la derecha fue, y sigue siendo, antiliberal, y la izquierda tenía que asumir la modernización, la liberalización de la economía y de los hábitos del país. Esto era evidente, incluso en la relación con los sindicatos, en la superación de un cierto nacionalsindicalismo. Lo que se ha producido después del gobierno socialista es una regresión antiliberal en todos los sentidos: económico, político y de costumbres, aunque el discurso oficial diga lo contrario.

J. L. C.: —Esto enlaza con la cuestión de la socialdemocracia, de la que luego hablaremos.

F. G.: —Pero yo anticipo que lo tenía meridianamente claro. Por eso me comunicaba con el partido a través de la sociedad, más que lo contrario. Parte de la crisis que atravesamos desde la salida del Gobierno proviene de que el partido intentó volver a ser lo que era, pero como ya no tenía memoria de qué era, se despistó, incluso con gente tan próxima a mí como Almunia o Borrell. Todo lo que el partido asumió dentro del proceso de modernización lo había hecho influido por la envoltura social. El partido pensaba que estábamos haciendo lo que había que hacer, aunque no lo identificaba como propiamente socialista.

J. L. C.: —Incluyendo el tema de la monarquía. Pero si tenemos la corona como elemento de cohesión, de identidad, cara al pacto republicano, tendremos que generar una cultura de esa monarquía de los ciudadanos, quitarnos un poco las vergüenzas, abrir el bicho en canal, y contarnos las cosas como son.

F. G.: —Se está perdiendo el consenso de la monarquía más rápidamente de lo que creemos.

J. L. C.: —Mayor razón para ponerse a hablar de ello y no mirar hacia otro lado.

F. G.: —Y resolverlo. Pero el primero que tiene que estar de acuerdo es el Rey, o la institución, para saber que se hace consistentemente, porque desde el poder se está quitando legitimidad a la monarquía de forma sistemática. En eso el cambio de Gobierno, que tú consideras generacional, se está convirtiendo en un *revival* de la generación anterior a la nuestra, que no creía en la monarquía. Pero ya he dicho que yo no lo veo como generacional.

J. L. C.: —En la primavera de 2001 estuve en Suecia, en las reuniones de Bildeberg. Vino la reina, porque esa conferencia es un acto que le gusta: disfruta intelectualmente y, durante tres días, no es reina, hace cola para servirse la comida, se sienta donde buenamente puede, no tiene tratamiento especial. Tres días conviviendo como una más. Al volver, volábamos en línea regular, e hicimos escala en Copenhague, con lo que tuvimos que aguardar un par de horas en la sala de autoridades. Estábamos con el embajador, los ayudantes, y alguno más. De repente, se abre la puerta y aparece el príncipe consorte de Dinamarca vestido tan deportivo que iba lo más parecido a un pordiosero, le acompañaba un perro, y se abalanzan el can y él sobre la reina, abrazándola más que efusivamente ante quienes estábamos allí. Nos quedamos un poco atónitos, después de tanta historia de protocolo, reverencias y cabezazos como comentábamos, al ver aquella escena de tintes a la vez íntimos y callejeros. Fíjate que el rey Juan Carlos es campechano, castizo, incluso a veces se pasa de eso, pero yo vi tal diferencia de...

F. G.: —... el rey es campechano y distante, y tú verías proximidad.

J. L. C.: —Sí, y sobre todo vi, como dicen los franceses, que el rey danés estaba *décontracté*, iba en traje de baño porque pensaba navegar, casi sucio, y en su comportamiento se descubría el sentir de un ciudadano más, un ciudadano ordinario —y hasta admito el doble sentido de la palabra— al que le había tocado en suerte ser rey consorte.

F. G.: —¿Sabes dónde está descrito maravillosamente algo parecido a eso? En una semblanza que hace Indro Montanelli del viejo rey de Noruega.

J. L. C.: —Cosas así también distinguen, definen, a la monarquía de los ciudadanos.

F. G.: —La que necesitamos. Si tú ves la descripción que hace Indro Montanelli... dice lo que tú dices, exactamente lo que tú dices, sin pretender conceptualizarlo.

J. L. C.: —Un ciudadano que es rey.

F. G.: —Eso don Juan Carlos no lo ha vivido. Es espontáneo, simpático, pero eso no lo tiene.

J. L. C.: —Existe la oportunidad de que lo tenga el príncipe.

F. G.: —Pero exige un entrenamiento, una comunicación que no es fácil que se produzca, con gente que sea capaz de tratarlo en esa dimensión de ciudadanía. Con Hassan II tuve una conversación, poco tiempo antes de su muerte, que explica lo que trato de expresar. Me preguntó sobre el conflicto del Sáhara, por primera vez, debo añadir. Le dije que si quería la versión diplomática o que le respondiera como lo haría al propio rey Juan Carlos. Sabía que era lo contrario de la costumbre, pero reaccionó pidiéndome que lo hiciera con toda claridad. A esto me refiero.

J. L. C.: —Incidentalmente, ¡qué útil es la monarquía alauí para los intereses de este país! Sería horrible para nosotros la existencia de una república islámica en Marruecos. Y para los marroquíes también.

F. G.: —¡Imagínate! Aunque todavía no está claro el futuro, ni existe conciencia en España de esa realidad decisiva para nosotros.

II | el viaje de ida y vuelta de los poderes fácticos

FIN DEL PROBLEMA MILITAR

Juan Luis Cebrián: —El «problema militar» ha sido una de las constantes en la historia de la política española de los dos últimos siglos. A decir verdad, el Ejército como poder fáctico, condicionante, desapareció en vuestra etapa de gobierno, y éste es, quizá, vuestro principal mérito, pero ha sido el presidente Aznar quien eliminó la *mili*. La desaparición del servicio militar obligatorio le dio la victoria en las elecciones.

Felipe González: —Creo que no fue así. No tuvo una incidencia especial, porque lo que habían prometido sólo fueron rebajas: reducirlo a seis meses, no la supresión, cuya promesa se hizo una semana después de las elecciones del 96. Debieron pensar, primero, que su propuesta no les había dado los votos que esperaban y, segundo, que, en la negociación con los nacionalistas para lograr una mayoría parlamentaria, podían aportar la supresión total de la *mili* antes de que se lo pidieran. Por lo demás, como dices, no existe ya, propiamente, una cuestión militar. Se han superado los intentos de golpe de Estado, que duraron diez años después de la muerte de Franco, hasta el 85. Ha habido dos elementos decisivos para la eliminación de la involución militar. Uno, el fracaso del 23-F y otro, que el mismo golpe, como tal, estaba muy condicionado por el temor de la llegada de la izquierda al poder, y la realidad, luego, tranquilizó a los cuarteles. Además, con la integración en Europa y la permanencia en la OTAN, los elementos involucionistas pierden posibilidades. Estos dos son acontecimientos que venían acompañados de la primera experiencia histórica de un Gobierno de izquierdas, que no amenazó el estatus de los militares. Más tarde, las Fuerzas Armadas se dieron cuenta de que nos tomábamos en serio el problema de la defensa, y nos ocupamos de trabajar por su dignidad profesional. El cambio ha sido tan profundo que ahora tenemos a militares con un nivel profesional como nunca habían existido en España. La impresión que tuve en el poder, desde el principio, es que las Fuerzas Armadas aceptaban de mucho mejor grado la democracia o el poder civil cuando se veían ordenadas y mandadas. Dejamos las discusiones en público que se habían producido, en los primeros años de transición con jefes y oficiales. Tomé la decisión de no replicar ninguna de las declaraciones impertinentes que se produjeran, limitándome a sustituir a aquellos que cometieran errores de tal género. Sólo hubo necesidad de hacerlo en un par de ocasiones y nunca más tuve problemas de esa naturaleza.

J. L. C.: —La Operación Galaxia la desveló *El País* a la opinión pública. Me llamó el presidente Suárez a las dos de la mañana del día en que la desarticularon, para contármela. No me hizo ninguna advertencia respecto a que se publicara o no, no me dijo nada, y naturalmente, yo escribí la historia y el periódico tuvo un gran éxito. También recibí otra llamada parecida tuya poco después, y meses antes del 23-F. Fui a verte a medianoche a tu casa de Pez Volador, no sé si te acordarás, y me alertaste de la preparación de lo que luego fue el golpe de Milans. En fin, todo eso cristalizó más tarde en la intentona de febrero de 1981 que, en muchos aspectos, sigue siendo un misterio. No sé por qué se habla tan poco de ella en profundidad, por qué todavía se sigue silenciando la trama civil, qué es lo que explica, veinte años después, que aún haya una sombra de sospecha, por qué no se publican todos los datos al respecto.

F. G.: —Yo no tengo la respuesta a eso, me hago la misma pregunta y no lo puedo entender. Ignoro por qué la gente interesada no ha buceado en la documentación que obra en el Tribunal Supremo, la instrucción sumarial. Ahí existen más datos de los que se han publicado. La única explicación es que, en realidad, la trama civil recompone, si se hace con un cierto rigor, la propia historia del golpismo en España, pues la cuestión militar, durante todo el siglo XX y una buena parte del siglo XIX, era debida a la incapacidad de los políticos para hacerse cargo de sus responsabilidades, lo que los llevaba a la conspiración con los militares. Es curioso. A mí me avisó la gente de Julio Busquets y la UMD de la Operación Galaxia la misma noche que se produjo. Yo estaba en una cena con periodistas extranjeros y, cuando salí al teléfono, nadie se dio cuenta del motivo, que no expliqué. Llamé a Suárez, que se sorprendió de que estuviera al tanto. Serían las once, o las once y media de la noche.

J. L. C.: —En lo que se refiere al 23-F, hay dos acusaciones que se hacen insistentemente, por más que se desmientan. Una es al Rey, y viene de círculos golpistas. Según ellos, los generales rebeldes habrían sido alentados, o animados, por don Juan Carlos en distintas visitas, y el hecho de que el general Armada anduviera involucrado era una garantía, una confirmación, de que el Rey les apoyaba, habida cuenta de su especial relación con el monarca. Pero luego éste les habría dejado colgados. La otra acusación es a vosotros, los socialistas, con motivo de la visita de Raventós y Múgica al mismo Armada, en Lérida. En ella habrían tenido una posición parecida a la que dicen que tuvo el Rey. Habrían expresado un cierto tipo de comprensión respecto a la necesidad de un Gobierno de salvación, de unidad o algo así, dada la situación de emergencia nacional en la época, y habrían admitido que ese Gobierno lo podía dirigir un militar, el propio Armada.

F. G.: —Sobre lo ocurrido con Múgica puedo opinar consistentemente, porque después de esa cena vino a verme y me contó, además con gran satisfacción, digamos que con su estilo personal, que había estado con Armada en una reunión muy interesante. Me dijo que los militares estaban que bufaban contra Adolfo Suárez y que habían hecho una crítica muy dura del Gobierno. Por eso estaba exultante, entre otras razones, porque como él era, en cierta forma, el encargado de mantener las relaciones institucionales con las Fuerzas Armadas, le había llenado de satisfacción el gesto de confianza que había supuesto que se reunieran con él a cenar y le contaran interioridades y críticas de lo que estaba pasando políticamente, que además coincidían con las que nosotros mismos hacíamos al Gobierno. Cuando terminó de explicarme los hechos, le dije que me pusiera por escrito lo que me había dicho, porque no me gustaba nada lo que intuía, lo que le transmitían de su actitud ante el Gobierno y el presidente. Él se sorprendió de que yo no hubiera recibido la información con alegría, sino con preocupación por sus implicaciones. A Múgica ni se le pasó por la cabeza que estuvieran preparando un golpe, eso te lo aseguro, ni Armada le planteó nada semejante. Lo que el general dijo después, creo, reiteradas veces, es que coincidían los dos en las críticas a Suárez. A mí no sólo no me gustó todo aquello sino que pensé qué hacer. Adolfo había presentado, a final de septiembre, una cuestión de confianza en el Parlamento, y el debate se había desarrollado de manera muy áspera, lo que originó una incomunicación absoluta entre él y yo. Leopoldo Calvo Sotelo me abordó en los pasillos del Congreso y me dijo que esa situación no podía continuar: «Tenéis que hablar —aseguró—, yo me ofrezco para hacer de puente, para que se restablezcan las relaciones». Le contesté que estaba dispuesto y le dije a Leopoldo lo que había pensado de la información recibida de Múgica. Le comenté que no estaba tranquilo, que los militares estaban maquinando algo. Según Adolfo me ha contado más tarde, Leopoldo nunca le habló de eso, ni siquiera le dijo que había hablado conmigo de la posibilidad de restablecer la comunicación normal. A partir de ahí, hay varias interpretaciones. Una, que Leopoldo ya estaba trabajando para él mismo, para ser candidato, por lo que no tenía ningún interés en restablecer mi relación con Suárez, como dicen algunos. Otra, que no le dio importancia a lo que yo le estaba diciendo, más bien creyó que era una forma de estimularle para que Suárez se inclinara a hablar con algún motivo. En todo caso no creo que Leopoldo Calvo Sotelo sacara de mis palabras la conclusión de que había un peligro real de golpe, porque yo mismo no tenía más que inquietud.

J. L. C.: —En los periódicos de la época se hablaba abiertamente de la eventualidad de un golpe. En noviembre de 1980 estuve en la Universidad de Vanderbilt, entre otros con Raymond Carr y Manuel Fraga, con los que mantuve una discusión porque yo advertí públicamente de que podía haber una intentona militar en España y ellos pensaban que era imposible. O sea, que sorpresas no hubo, al fin y al cabo. Pero pese a lo que dices, había dos sospechas sobre los socialistas en lo concerniente al 23-F. Primera, lo que se llamaba la tradición largocaballerista, de colaboración con la dictadura de Primo de Rivera, y que podría haber reverdecido en aquella ocasión. Segunda, la de que, al principio de la transición, y eventualmente luego, en la salida pactada del golpe, los socialistas podríais haber estado dispuestos a cooperar en un Gobierno de concentración, incluso si se ilegalizaba al partido comunista. Luego había otra preocupación sobre Leopoldo, que se iba postulando abiertamente por muchos despachos como jefe del Gobierno. Reunía a periodistas y les explicaba que un presidente tenía que tener experiencia internacional, como él, ser experto en economía, y él lo era, y tener la confianza del Rey. Tres condiciones que, al parecer, no poseía Adolfo Suárez. Ninguna de ellas.

F. G.: —Yo no era consciente de esas cosas. No sabía en esa época esto que me estás diciendo de Leopoldo. Respecto de las sospechas, o de las críticas que se hicieron a los socialistas, fueron siempre *a posteriori*, después de lo que pasó, para intentar ensuciar su imagen, como en otras ocasiones. Tenía poca consistencia la suspicacia sobre nuestra actitud respecto a la legalización o no de los comunistas. Era realmente una impostura, inventada para facilitar el entendimiento UCD- PCE[10]. Nunca hu-

---

[10] Tras una consulta al Tribunal Supremo, que devolvió la cuestión al Gobierno, la legalización del PCE se produjo el 9 de abril de 1977, en plena Semana Santa, aunque desde diciembre de 1976 estaba en situación de tolerancia. Las encuestas de opinión de aquel mes arrojaban un 45 por ciento a favor de la legalización de los comunistas y un 17 por ciento en contra.

bo la menor veleidad por nuestra parte respecto de la legalización del PCE, y a mí me parecía, además, que era un error dramático dejar a los comunistas fuera, porque les habría dado una fuerza que nunca tuvieron como representación política, participando abiertamente en los procesos electorales. Tengo en eso un testigo de excepción, Hans Mathofer[11], con el que discutí ampliamente esas cuestiones.

J. L. C.: —¿El de la maleta, no? A éste le pillaron con una cartera de dinero en la frontera, cuando era ministro de Trabajo alemán. Parece que estaba destinado a financiar a los partidos socialistas de Portugal y España.

F. G.: —Al socialismo portugués le ayudaron cuando hubo el intento de golpe de los comunistas y los militares, pero la socialdemocracia hacía su trabajo de presencia a través de la fundación Friedrich Ebert. Dinero directo para financiar el PSOE no hubo nunca. Con Mathofer tuve una discusión, entre otras cosas, sobre cuál iba a ser el resultado electoral de los primeros comicios democráticos, y parte de esa discusión incluía la legalización de los comunistas: yo decía que habría la tercera parte de representación comunista que socialista, y los alemanes eran de la opinión de que la legalización o no del PCE no significaba una clave de democratización del país. Salvo Willy Brandt, abiertamente partidario de la legalización, y que tenía respeto por Carrillo y por el comunismo italiano. Las sospechas, por eso, sobre los socialistas no tenían fundamento, y las que se montan en torno al

---

[11] Hans Mathofer, dirigente del SPD, partido de los socialdemócratas alemanes. Un directivo del consorcio Flick acusó al SPD de haber apoyado económicamente al PSOE con dinero del citado consorcio, a través de la fundación Friedrich Ebert.

comportamiento de Enrique Múgica, tampoco, porque Múgica no se enteró de lo que estaba pasando, y Raventós nunca me comentó nada sobre la cena. Ninguno de los dos entendió la importancia de relacionar esta información con una intención golpista. Sólo a mí me dejó inquieto. Yo tenía claro que uno de los factores fundamentales que alentaban el golpismo era el deseo de frenar la llegada al poder de la izquierda. Tuve una información directa sobre la Operación Galaxia, pero no fue así respecto al 23-F. La otra cosa es el papel del Rey y lo que dicen o han escrito sobre él. Don Juan Carlos, por carácter, salvo raras excepciones, encuentra difícil cortar a alguien en la conversación o replicar abruptamente. El Rey no tenía el estilo de pararle los pies a nadie que le contara esto o lo otro y que viniera a plantear su descontento con Adolfo. Efectivamente, hay un momento en que él mismo parece que perdió confianza en Suárez, y puede que el momento decisivo para la dimisión de éste se produzca cuando es consciente de eso. Aunque todo es pura especulación. Ni el Rey ni Adolfo Suárez me dijeron nada de esto. Es una paradoja. Cuando Adolfo es nombrado por el Rey, no tiene el respaldo popular y cuando dimite, sí lo tiene. Pero llegó a la presidencia del Gobierno porque el monarca lo había designado. Creo que no hubiera tenido los votos que alcanzó en el 77 si no lo hubieran nombrado presidente. Su reacción, si las cosas fueron así, es explicable. Volviendo a las críticas sobre la actuación del Rey, don Juan Carlos dejaba decir a los militares y a otros. La misma actitud que tenía Múgica en la cena con Armada podía tenerla él oyendo las críticas. Y, cuando se produjo el 23-F, se vio sorprendido por la evolución de los acontecimientos. Él dijo esa noche, de buena fe, creyéndolo seriamente, que nadie tenía autorización suya para hacer esa operación, y nadie la tenía, ésa era la verdad. ¿Por qué tardó tanto tiempo en tomar las decisiones, en asumir el mando y comparecer en TVE? Porque quiso tener la seguridad de que controlaba la situación. No digo que sea o no lo acertado, pero forma parte de su temperamento constatar qué estaba pasando en los acuartelamientos, en las capitanías generales, y tratar de ganar tiempo, a la vez que hablaba con Milans, para saber qué terreno pisaba. Yo no creo que el Rey en ningún momento estuviera inclinado a facilitar o consentir un golpe, pero no fue lo suficientemente contundente como para cortar la deriva en su raíz. El deslizamiento no se hubiera producido de la misma forma si hubiera sido más duro en las conversaciones con Armada. Pero él no lo interpretaba así, ni lo ha hecho, ni lo hará. Armada quería creer que el Rey estaba de acuerdo con sus proyectos involucionistas y con la sustitución de Suárez. Pero ya tenía la dimisión y la sustitución del presidente estaba en marcha, o sea que para nada se necesitaba un golpe de fuerza. Lo que ocurre después, constatada esta evidencia, es que el Rey evita el triunfo del golpe militar y este hecho consolida definitivamente a la monarquía.

J. L. C.: — Yo tenía cita acordada con el Rey para el 24 de febrero de 1981, a las diez de la mañana. No acudí, obviamente, porque estabais todos secuestrados en el Congreso y me parecía un poco absurdo que fuera yo allí a hacer el oso en medio de una situación tan grave. Mi responsabilidad de ciudadano primó sobre mi curiosidad de periodista. El Rey siempre me ha reprochado aquella ausencia, medio en broma, medio en serio. Hubo alguien que sí se presentó ese día, en cambio, Antonio Oyarzábal, que marchaba de embajador a Ecuador, y quería despedirse, junto con su mujer. Don Juan Carlos les recibió y estuvo con ellos un cuarto de hora, deseándoles buena suerte. Es impresionante el detalle, ¿no? Bueno, el golpe de Estado, al margen de las aventuras militares típicas, se quería justificar fundamentalmente por la situación del terrorismo de ETA. Cuando el 24 de febrero los líderes políticos visitáis al monarca, éste os echa una especie de bronca, y os hace una llamada a la responsabilidad. Inmediatamente después, viene el juicio a los golpistas, y también el proceso de la LOAPA[12], como una reacción de la clase política al hecho de que la España de las autonomías se estaba desmadrando, y convenía arreglarla de alguna manera.

F. G.: —No hay bronca del Rey como tal. No es su estilo, según acabo de decir.

J. L. C.: —Una especie de tirón de orejas.

F. G.: —Una llamada a la responsabilidad parecía razonable, ¿no? Para empezar la reunión, el mismo día de la salida del golpe, y sin Gobierno.

J. L. C.: —Pero la LOAPA fue consecuencia del golpe. Había que ordenar la España de las autonomías por la presión de los militares.

F. G.: —Es bastante probable que haya que considerarla consecuencia de la preocupación que generó el intento de golpe, pero se la cargó después el Tribunal Constitucional. La interpretación de éste fue mucho más

---

[12] La LOAPA (Ley de Armonización del Proceso Autonómico) fue consecuencia de los pactos autonómicos firmados entre Leopoldo Calvo Sotelo (presidente del Gobierno) y Felipe González (secretario general del PSOE) en julio de 1981. Este acuerdo pretendía ordenar y reconducir el desarrollo autonómico. La ley quedó desmantelada tras una sentencia del Tribunal Constitucional en agosto de 1983. Previamente, los partidos nacionalistas desarrollaron una campaña intensa para intentar que no se llevara a cabo lo que consideraron un recorte del proceso autonómico.

98

autonomista que la ley. Por cierto que el PP, entonces AP, no estuvo en el consenso de la LOAPA. Todo consenso le estorbaba. Nadie más que el PSOE y UCD la apoyaron, hablo de los partidos no territoriales, de ámbito nacional. Los comunistas tampoco votaron a favor. Era una cosa bien sorprendente que Alianza Popular no estuviera en ese consenso que a lo que más se parece es al intento por parte del Gobierno actual de cerrar el proceso autonómico.

J. L. C.: —Veinte años después de todo aquello, el problema del Ejército se ha resuelto y el de las autonomías, no. Ahora se abre un nuevo frente: la *mili* profesional. La izquierda ha defendido siempre el servicio militar obligatorio, que responde a la teoría del ciudadano en armas, del pueblo en armas, y al temor de que un ejército profesional sea un ejército de centuriones, que pueda condicionar la voluntad política de la democracia. Eso está en la tradición jacobina de la izquierda y tú lo has defendido así durante mucho tiempo.

F. G.: —Y lo defiendo. No por esas razones, pero lo defiendo. Tampoco toda la izquierda. Los comunistas han estado en otra posición.

J. L. C.: —¿Existe peligro de que un ejército profesional se convierta en una mesnada de mercenarios?

F. G.: —No existe el peligro, *es* un ejército que se convierte en mercenario cuando los elementos de identidad desaparecen. La profesionalización del servicio militar es perfectamente posible sin graves riesgos en países que tienen una cohesión nacional fuerte. En Gran Bretaña plantea un problema de mayor o menor grado de eficacia de las Fuerzas Armadas, pero no de cohesión. Estoy seguro de que en España, aparte de que el servicio militar obligatorio significó en su día un paso adelante en la igualdad de los ciudadanos ante la ley, eliminando abusos y discriminaciones, habrá, en poco tiempo, amplias zonas del territorio donde no exista ni un solo oriundo perteneciente a las Fuerzas Armadas. Ni en la escala profesional ni en la de reclutamiento ordinario.

J. L. C.: —Es probable que haya muy pocos militares catalanes o vascos.

F. G.: —O de Baleares, o de La Rioja. Hay dos razones por las que no van a surgir en esas zonas: las de identidad-ambiente y las de desarrollo. Pero si la mitad del territorio, y de la población originaria de él, quedan fuera de las Fuerzas Armadas, éstas pueden empezar a ser percibidas en algunos lugares como un ejército de ocupación, como algo ajeno. Ésta es la realidad que podríamos vivir dentro de quince o veinte años. Lo más paradójico es que eso haya sido producto de una decisión de la derecha, que tanta campaña hacía contra el Gobierno socialista, argumentando que no nos preocupaba la defensa.

J. L. C.: —La verdad es que es bastante paradójico que la derecha haya hecho algo así. ¿Volveremos a tener un problema militar, aunque de otro género?

F. G.: —Podemos volver a tenerlo, pero no de golpismo.

J. L. C.: —¿Y éste es un mensaje que las nuevas generaciones pueden entender como moderno, racional?

F. G.: —No, esta posición está perdida. Aunque creo que no es irrecuperable el sentimiento de la historia en la formación de las nuevas generaciones, un componente de esa reflexión, que podía ser la participación en el esfuerzo defensivo de los ciudadanos como tales, está perdido. Nadie va ya a defender eso. En Europa, los últimos mohicanos éramos Helmut Kohl y yo. Los dos creemos que el servicio militar obligatorio es más eficaz y serio que el profesionalizado. Hay que añadir que ése es uno de los ejemplos de ruptura del consenso por el PP, en una materia tan sensible como la seguridad.

J. L. C.: —Quien abre de manera más estruendosa el debate sobre el ejército profesional mientras estáis vosotros en el Gobierno es el coronel Martínez Inglés[13]. Escribió un libro cuya lectura me llevó a la conclusión de que era la obra de un fascista, aunque defendía la profesionalización del servicio militar, lo que me dejó bastante confuso, porque un fascista no puede ser un antimilitarista. Yo he tenido un sentimiento antimilitar toda mi vida.

F. G.: —No hay que confundir. Se dan las dos posiciones; la más abiertamente antifascista o antimilitarista y la de los que quieren un ejército de mercenarios. Ambas convergen en la eliminación del servicio militar obligatorio. Por eso, y por otras razones, es un debate perdido. Después de la visita de Thatcher a las tropas británicas desplegadas en Alemania para unas maniobras conjuntas, tuve ocasión de recoger los testimonios de ella y de Kohl. Éste estaba muy satisfecho de la demostración que habían hecho los soldados alemanes de reemplazo, mucho más eficientes que los profesionales británicos, que estaban allí como consecuencia de la II Guerra Mundial. Thatcher me comentó, más tarde, que si pudiera dar vuelta atrás a la profesionalización de las fuerzas armadas lo haría. Había llegado a la conclusión de que el único argumento a favor de la profesionalización es que sus tropas conocen mejor los sistemas de armas; pero dadas las condiciones del personal que se incorporaba al servicio militar profesional, a la postre ocurría lo contrario. Por-

---

[13] Amadeo Martínez Inglés, *España indefensa*, Ediciones B, Barcelona, 1989.

que en la tropa se recoge a muchos individuos de sectores marginales con poco nivel educativo. A nosotros, a lo mejor, «nos salvan» los inmigrantes. Pero dejará de ser un servicio a la patria, porque a los chavales que vienen de Iberoamérica, y aún más de África, les cuesta jurar lealtad a una bandera que no es suya. En España, donde faltan tantos elementos de cohesión, con una democracia relativamente inmadura y un pacto republicano tan reciente, todo esto es disolvente a la hora de forjar un sentido de país. Esto que te estoy diciendo quizá montará un escándalo, pero es así como lo pienso. Cada vez más con el sentimiento de ser minoría en este tema.

J. L. C.: —Sí, porque lo has dicho otras veces, pero nunca tan articuladamente como lo acabas de exponer. Para nuestra generación, España era católica, fea y sentimental, como Bergamín, o pobre, rural y católica, como nos enseñaban en el colegio. Los signos de identidad eran el Ejército, la unidad de la patria en torno a la bandera, los curas... el guardia civil, el boticario y el párroco componían lo que se llamaba las fuerzas vivas de cualquier villorrio. De modo que en el franquismo todos sabíamos cómo se llamaba el capitán general de Madrid o de Barcelona, y ahora no tenemos ni idea.

F. G.: —Ni importa. No me refiero a eso.

J. L. C.: —Mi pregunta es si no lo volveremos a saber, si cuando el Ejército esté verdaderamente profesionalizado no van a volver a tener un nuevo portavoz. Espero que no.

F. G.: —No se cuál es la deriva que va a tomar ese nuevo elemento de desagregación que, a mi juicio, supone la profesionalización del servicio militar. Que sean profesionales los soldados es algo disolvente para España, cuyas consecuencias todavía no podemos prever. La primera probable, insisto, es que en aquellas zonas en donde no existan militares oriundos, ni oficiales de carrera, ni tropas, el Ejército se percibirá como una fuerza extraña al territorio. Ha empezado a suceder en el País Vasco incluso sin esa circunstancia, y ese proceso puede llegar a ser grave. Me parece una gran irresponsabilidad histórica lo que está ocurriendo y lo único que deseo es no tener razón. Pero no temo ningún golpismo. Los militares han cambiado radicalmente en su relación con el poder civil.

J. L. C.: —El Día de las Fuerzas Armadas se instituyó como sustitución del Desfile de la Victoria franquista. Ahora resulta que en él se organiza una parada con participación de soldados franceses, italianos... Por un lado, esto es un signo de modernidad, de integración de la política de defensa europea, pero por otro, ¿qué sentido tiene ya el propio desfile? Necesitamos a unos señores que resuelvan nuestra seguridad y nuestra defensa pero todo el sentido emocional de las paradas militares desaparece cuando lo que se ve son tropas extranjeras que sólo han desfilado en otro país, normalmente, como fuerzas de ocupación.

F. G.: —Es el símbolo de que estamos en un mundo diferente. Por otro lado, a los que de jóvenes teníamos un sentimiento antimilitarista todo esto nos parecen exhibiciones inútiles, pero no es la consecuencia de una sustitución del Desfile de la Victoria. En Francia, como en otros muchos países, se hacen estas ceremonias con el beneplácito de los ciudadanos.

J. L. C.: —¿Cómo puedes ser a la vez antimilitarista y apoyar la *mili* obligatoria?

F. G.: —Entre otras cosas porque soy un responsable político y hoy, personalmente, no soy antimilitarista, y menos en el sentido que antes te decía. La experiencia de mi relación con las Fuerzas Armadas se resume en que ha sido un poder institucional del Estado, serio, respetuoso, y obediente en su papel. Más allá de mis gustos, y de los atavismos que pueda llevar implícitos mi currículum vital de lucha contra el franquismo, esto no puede ser un obstáculo para que, como responsable político, piense en términos de interés de España y no de lo que sería mi agrado. Entre que te paguen para opinar o te paguen para decidir qué tienes que hacer con el país hay un abismo. Si tu tarea es opinar, pues opina lo que te dé la gana, pero si tienes que decidir lo que tiene que ser el destino del país, has de amarrarte los machos cada vez que mantienes una posición. Por eso me parece irresponsable que se haya decidido que las Fuerzas Armadas sean profesionales en todas sus escalas. Y aún más por el hecho de que el procedimiento empleado ha sido oportunista y electoralista.

J. L. C.: —Ese ejército va a seguir siendo el garante de la unidad territorial con arreglo a lo que dice la Constitución.

F. G.: —Exactamente, es que no puede ser de otra manera a pesar de la incomprensión de algunos nacionalistas. Es también el responsable de la defensa frente a un ataque exterior y, si lo integran inmigrantes, frente a un ataque que pudiera afectar a su país de origen. Resulta una contradicción en sus términos, ¡esto no puede ser! Si creyera que el Ejército no tiene una función que cumplir, entonces tampoco optaría porque fuera profesional, sino por la desaparición pura y simple de las Fuerzas Armadas. Pero no conozco ningún país con peso y consistencia, que tenga algo que hacer en la escena internacional, sin sistema de defensa. Por tanto hay que tener una estructura de este género, y yo quiero que sea la que más coadyuve a mantener los elementos de cohesión de mi país, y las necesidades que se derivan de su seguridad.

IGLESIA Y RELIGIONES

J. L. C.: —Cuando murió Franco, considerábamos a los llamados poderes fácticos (el Ejército, la Iglesia y la oligarquía financiera) como fuerzas reales que, de hecho, suponían un freno a la instauración de la democracia.

F. G.: —Cosa que no era verdad en el caso de la Iglesia del momento. Estaba más bien basculando ella misma hacia la democracia. Tampoco se puede afirmar del sistema financiero como tal, aunque siempre viva pegado al poder y tuviera elementos profundamente reaccionarios en su seno.

J. L. C.: —Pero de alguna manera los tres se identificaban, en el imaginario popular, con la derecha. Curas, militares y banqueros eran el corazón del franquismo. ¿Podemos decir que el actual Ejército ya no es una fuerza de la derecha?

F. G.: —No es una fuerza al servicio de la derecha, aun teniendo una composición humana mayoritariamente conservadora.

J. L. C.: —No es un poder fáctico ya.

F. G.: —No. Prueba de ello es lo que está pasando con el reclutamiento. Si fuera un poder fáctico, en el sentido tradicional, se habrían creado unas tensiones que nos mantendrían en un nivel de angustia como los que conocimos hace dos décadas.

J. L. C.: —Digamos que lo mejor del balance de tu período de gobierno es que el Ejército se ha democratizado. Las nuevas generaciones no lo saben, no saben lo que eran la *mili* y el Ejército para nosotros, algo verdaderamente terrorífico.

F. G.: —Eso es lo que nos condiciona en todo. Más que la apreciación sobre la *mili* de nuestra época, el conocimiento de lo que suponía vivir en una dictadura militar.

J. L. C.: —¡Hemos democratizado el Ejército!

F. G.: —No es una buena definición. Prefiero hablar de aceptación de la democracia por las Fuerzas Armadas, y de la supremacía del poder civil que se deriva de ello.

J. L. C.: —Bien, no constituye un poder fáctico, y aunque los militares sean de derechas por estructura mental, no son aliados del partido de la derecha. En cambio, la Iglesia ha hecho el viaje al revés: era mucho menos un poder fáctico en el momento de la transición que ahora, era una Iglesia muchísimo más cercana a las fuerzas democráticas en el momento de la muerte de Franco, y ha sufrido después una involución. La iglesia no apoyó a un partido democratacristiano durante la transición, no lo apoyó Tarancón, aunque yo creo que si Wojtyla hubiera sido papa en ese momento todo habría sido diferente. La Iglesia fue beligerante en cuestiones como el divorcio, desde luego, pero hubo un esfuerzo de concordia. En la única entrevista que le hice a Adolfo Suárez, como presidente del Gobierno, todavía no había ley del divorcio, y le pregunté por el proyecto. Me dio una respuesta de carril, la única que me podía dar. Luego le envié el texto del reportaje para que lo corrigiera, me recibió y me dijo: «te voy a pedir un favor, no me plantees el tema del divorcio. Ya sé que las preguntas son tuyas y las contestaciones mías, tú únicamente me pasas la entrevista para que corrija éstas, pero te pido que no me hables de la ley del divorcio. Porque si lo haces yo sólo tengo una contestación negativa, dada la terrible presión del Opus sobre este tema, y prefiero que no salga». Al margen de anécdotas como ésa, te decía que la Iglesia ha hecho un viaje de regreso en el peor de los sentidos. De modo que no sabemos ya cómo se llaman los capitanes generales, pero conocemos los nombres de los obispos, no hemos dejado de hacerlo nunca. Hay una presión de la jerarquía y del aparato católico mucho mayor desde que está Wojtyla.

F. G.: —Vamos a ver cómo evolucionan los acontecimientos. La Iglesia, por un sentido de la historia, de la oportunidad, empezó a separarse de la dictadura durante todo el tardofranquismo, y en el momento mismo de la muerte del general. Desde Juan XXIII se había producido una puesta al día en el Vaticano.

J. L. C.: —Pero había un cardenal en el Consejo de Regencia, ¿eh? Es decir, aunque en algo se separaron, hasta el último minuto estuvieron con el régimen.

F. G.: —Nunca la Iglesia va a tener una militancia en bloque, clara, contra ningún sistema, ni siquiera contra los regímenes comunistas. El hecho de que exista desde hace dos mil años demuestra hasta qué punto ha sido capaz de repartir huevos en cestos diferentes. En el momento de la muerte de Franco, la imagen pública de la Iglesia era la de favorecer la democratización. La llegada de Wojtyla lo que hace es reforzar una respuesta que ya venía protagonizando el Opus Dei, que trata de abrirse un espacio para controlar el poder del Vaticano. El Opus, al que se refería Suárez con el tema del divorcio, se convierte en el grupo que diseña la estrategia tras la llegada de Wojtyla para recuperar, no sólo en España, el valor de la jerarquía y la disciplina, que estaban debilitándose a su juicio. La Iglesia trata de evitar la apertura de costumbres, la progresión de la izquierda, como en los temas de la ley del divorcio, que se promulgó en tiempos de Adolfo Suárez, o la regulación del aborto, aprobada en nuestra etapa. Pero, además, combate la teología de la liberación, que contempla como rebelión anárquica de sus bases, solidarizadas con la pobreza. Lo curioso es que Wojtyla es exponente de la rebelión contra el comunismo como sistema totalitario pero no es socialmente capitalista, sólo anticomunista.

J. L. C.: —Eso dice él.

F. G.: —Creo que es bastante verdad. Tiene sensibilidad social, le molesta el capitalismo salvaje y, sin embargo, representa una regresión copernicana en materia de costumbres. Está en contra de todo lo que sea un cuestionamiento de la autoridad jerárquica o la doctrina eclesiástica más rancia en materia de costumbres (divorcio, aborto, relaciones prematrimoniales, anticonceptivos, etcétera).

J. L. C.: —Ésa es una discusión interna de los curas. A mí lo que piense Wojtyla de todo eso me importa una higa. Lo grave es que intentan también una ocupación del espacio político.

F. G.: —A mí lo que piense Wojtyla, y lo que se piense en el Vaticano, me interesa, y mucho. Su llegada al papado fue el gran momento del Opus, que aprovecha para recuperar espacios de poder. Como no podía ser el representativo, como te comenté, trata de cubrir el resto. Las relaciones de poder, incluso en una democracia representativa, y no consolidada, no pasan todas ellas por encima de la línea de flotación. Lo que se ve de la lucha de poder es lo que se ve del iceberg, cuyas cuatro quintas partes están bajo el agua. Hay poderes importantes que no son ni tienen por qué ser representativos: los mediáticos, el de la Iglesia, el de la banca, el económico-financiero, etcétera. Pero pesan decisivamente en el destino de los pueblos.

J. L. C.: —Los medios de comunicación son un poder fáctico de la democracia, pero no lo eran en el comienzo de la transición. Sin embargo, no nos desviemos, déjame elucubrar un poco. Tu primer acto como jefe de Gobierno fue asistir a una misa en la División Acorazada. Algunos pensamos entonces que era demasiado para el cuerpo, para el nuestro, claro.

F. G.: —No es verdad que fuera a una misa. Quise ir a la División Acorazada Brunete el día de su patrona, el 8 de diciembre.

J. L. C.: —Y había una misa.

F. G.: —La celebración incluía una misa, que fue el momento estelar, más dramático. ¿Sabías que era la primera vez que un jefe de Gobierno visitaba la División Acorazada?

J. L. C.: —Es obvio que no fue un acto casual.

F. G.: —Acabábamos de llegar al Gobierno seis días antes, por tanto tampoco era muy premeditado. Pero no era casual, desde luego, me lo propusieron tres fechas antes. Valorando todas sus implicaciones, el acto estuvo cargado de simbolismo, en una mezcla inexplicable de tensión y cordialidad. Un general en la reserva me saludó muy serio, casi descompuesto, y me dio las gracias por ser el primer presidente que les visitaba. Por eso me enteré de ese dato. Pero pocos días después, el lunes siguiente, creo recordar, se reunió el Consejo Supremo de Justicia Militar y se produjo un incidente del que no podemos dejar de hacer mención. Narcís Serra me llamó, como ministro de Defensa —debió ser el domingo— y me dijo que iba en el orden del día una propuesta para poner en libertad a los responsables del 23-F, que estaban en prisión. Después de haber estado en la Brunete, el jueves anterior, se nos planteó ese problema, sin advertencia. Era una situación delicada, de la que nos alertó Manglano.

J. L. C.: —Tu presencia allí tenía aspectos contradictorios. Por un lado, parecía la afirmación del poder civil democrático frente a los militares y al otro poder fáctico, el religioso, pero por otro tenía la lectura de una aceptación o una sumisión. Yo no te critico necesariamente aquello, lo podría hacer pero no te lo critico. Ahora bien, si estamos diciendo que hay que reformar la Constitución por el tema territorial, de alguna manera habría que hacer algún esfuerzo, también, por hacer más laico este Estado, evitar que haya misas obligatorias en los cuarteles —oficialmente ya no lo son, pero la realidad es muy distinta— o que las autoridades públicas participen como tales en ceremonias estrictamente religiosas. En los EE UU está prohibido rezar en las escuelas y actos oficiales.

F. G.: — Sí, el viejo Bush sólo me invitó a rezar en las cenas privadas, no en las oficiales.

J. L. C.: —¿Tiene sentido en un país que proclama la libertad religiosa que en la procesión del Corpus estén el presidente de la autonomía o el alcalde?

F. G.: —No tiene sentido, por eso no he estado yo nunca en esas ceremonias, pero no lo veo como tú.

J. L. C.: —¿Aceptaría este pueblo que en las procesiones de Semana Santa no estuvieran presentes las autoridades civiles?

F. G.: —Que no estuvieran los curas lo aceptaría más fácilmente. Las hermandades han tenido muchos problemas históricos con ellos. Pero no creo que los ciudadanos vean negativamente la asistencia de las autoridades a esos actos. Ni lo contrario.

J. L. C.: —¿No nos queda por hacer ahí una parte de la transición, de la primera, de la de verdad?

F. G.: —Sin duda. Después de la experiencia de Tarancón, la Iglesia trató de recuperar el control, la influencia efectiva, cosa que por otra parte no me sorprende, porque tras conseguir que en Polonia desapareciera el comunismo, la gran frustración de Wojtyla es que también en ese país las leyes no se someten a los criterios de la moral católica. Se ha producido una regresión en los comportamientos de la Iglesia, que ayuda consistente y sistemáticamente a la recuperación del poder de la derecha. La gran paradoja en España es que esa política no está llevando a una relación más fácil con el Gobierno actual. En unos aspectos están ganando, como en el ámbito educativo, pero en otros no: la relación con el poder es tormentosa en temas tan delicados y sensibles como el País Vasco, la cuestión territorial, incluso el terrorismo.

J. L. C.: —Si es tormentosa la relación con el poder es precisamente porque todavía ellos son un poder. Lo que ha sucedido en el Ejército, su modernización e integración en la democracia, no se ha producido todavía en la Iglesia, al menos en igual medida.

F. G.: —Ni se producirá tal como tú lo ves.

J. L. C.: —No se producirá si no lo producimos.

F. G.: —No se arregla por decreto. No, no se producirá porque la diferencia entre el Ejército y la Iglesia es que ésta sigue teniendo fieles, sigue poseyendo un «ejército» jerárquicamente organizado, de acuerdo con un sistema de valores morales y de obediencias, más o menos debidas.

J. L. C.: —Éste es un problema serio, lo que caracteriza a la democracia, lo que separa en realidad los regímenes occidentales de los islámicos, es la laicización del Estado. Lo propio de una sociedad moderna es la existencia de unas costumbres, de unos hábitos vitales, de una ética civil, que no tienen que coincidir con los dictados morales de ninguna religión.

F. G.: —Pero no es lineal. Es un planteamiento más teórico que real. Incluso en EE UU ha habido una regresión seria con Reagan y vuelve a haberla con Bush hijo, en esta materia. Una de las cosas que tuvo que exhibir el propio Clinton, cuando sustituyó al poder republicano, fue su religiosidad, real o no, no me meto en eso. Hablo de su exhibición al respecto, como en otros casos: Blair, Guterres.

J. L. C.: —Ya, pero una cosa es la religiosidad personal y otra la formación de un aparato de poder en torno a las creencias de las gentes. En la medida en que hay una burocracia jerárquica de una religión que es predominante sobre las otras, cualquier declaración constitucional de libertad religiosa es papel mojado.

F. G.: —La libertad religiosa no supone de verdad una igualdad de trato en nuestra Constitución, entre otras cosas porque la religión católica merece en ella una mención específica, que probablemente resultaba innecesaria teóricamente, pero reconoce una situación de hecho. En nuestro país el catolicismo sigue siendo no ya hegemónico, sino algo que condiciona la práctica alternativa de cualquier otro tipo de hecho religioso, como en otros medios de Occidente.

J. L. C.: —Lo que me estás diciendo es que la Iglesia continúa siendo un poder fáctico.

F. G.: —Y lo seguirá siendo, pero no sólo aquí.

J. L. C.: —En la medida en que los poderes civiles lo permitan.

F. G.: —Yo no digo que no se pueda limitar su influencia en la invasión de la vida civil, lo que no va a desaparecer es su carácter de poder fáctico con importancia decisiva en el comportamiento de la sociedad española. Lo curioso es que cuando la Iglesia percibe que va perdiendo capacidad en los aspectos que más atañen a la moral católica, como la opción o la preferencia sexual, no se preocupa tanto como cuando pierde poder en el sistema educativo.

J. L. C.: —La religión es hoy una enseñanza optativa en el sistema oficial. Creo más razonable que existiera, como asignatura oficial, una historia de las religiones, no un adoctrinamiento en una creencia concreta. Mucha gente no quiere que sus hijos den clase de religión, pero sí que sepan quién era Jesucristo. De otro modo, no entenderán nada de lo que pasa a su alrededor, no podrán interpretar casi nada de la vida real.

F. G.: —No es incompatible con un adoctrinamiento en cualquier tipo de religión si el carácter de la enseñanza es optativo.

J. L. C.: —No, eso no lo tiene que garantizar el Estado, ni de forma optativa.

F. G.: —Quizá tienes razón, pero yo soy capaz de ser más tolerante en ese punto.

J. L. C.: —Hay en España doscientos mil islámicos o los que tengamos (cinco millones en Francia), y van a ser más. Yo no creo que el Estado deba enseñarles la ley de Mahoma, el Corán, como tampoco pienso que haya que garantizar una educación católica a los católicos. A lo que sí tienen derecho nuestros niños es a que en la escuela pública se les hable de la religión islámica en relación con la identidad del pueblo en el que viven: el papel que jugaron, desde la mezquita de Córdoba hasta los reinos de taifas, o lo que se quiera. Pero no deberíamos enseñar religión en las escuelas del Estado, ni de manera optativa. Si fuera así, nos evitaríamos de paso conflictos como los que se han producido a cuenta de los despidos de algunos profesores, porque su vida privada desdecía del testimonio de la fe.

F. G.: —Creo que una parte de la formación puede ser la enseñanza de la religión que uno elija. No estoy en el fundamentalismo laico.

J. L. C.: —¿Me estás llamando fundamentalista?

F. G.: —Laico, sí. Es lo único en lo que eres fundamentalista.

J. L. C.: —Yo respeto el sentimiento religioso e incluso puedo tenerlo, de hecho lo tengo muchas veces. Sólo que pienso que eso pertenece al ámbito privado de las personas.

F. G.: —Yo también lo creo ¿y qué? Uno de los problemas de la paz y de la guerra, hoy, vuelve a ser cómo se resuelve esto que estamos planteando ahora, en nuestras sociedades y en la comunidad internacional.

J. L. C.: —La religión es motivo permanente de conflictos armados.

F. G.: —No sólo la religión, también la interpretación excluyente laica respecto a la religión es motivo de enfrentamiento; acicatea la misma actitud. Lo he discutido mucho con mis amigos laicos militantes israelíes, que nunca llegaron a comprender ni a aceptar hasta qué punto los grupos religiosos, por minoritarios que fueran, iban a influir decisivamente en el funcionamiento del Estado. Hemos empleado el término fundamentalismo... no es correcto, pero da lo mismo, el incremento del fundamentalismo tiene causas que casi siempre se relacionan con luchas de poder. Volviendo a lo que decías, si para un millón de padres de familia, o los que sean, es importante que sus hijos reciban una clase de moral religiosa A, B o C, no tengo ningún inconveniente, si los medios disponibles son bastantes, en que se les facilite una asignatura optativa de ese tipo, sin discriminaciones. El límite es la disponibilidad de medios. Yo, como tú, creo que la religión es una opción privada, pero no tengo que imponer esa convicción mía a los otros.

J. L. C.: —Todo eso es muy discutible porque la igualdad ante la ley es laica.

F. G.: —Cierto, ¿y cuál es el conflicto francés, por ejemplo? Que con el *chador* no se puede ir a la escuela pero con la *quipa* sí.

J. L. C.: —¿Podemos prohibir el *chador* y no los pelos teñidos de rojo? ¿Por qué? ¿Y tenemos que dar a la vez «clases de *chador*», si me lo piden no sé cuantos ciudadanos? ¿Qué cantidad de individuos determinan ese derecho?

F. G.: —Dentro de la propia escuela se puede dar clase de religión, la que sea, si hay disponibilidad económica, y de todo tipo, y si no existen discriminaciones.

J. L. C.: —Yo no sería de una beligerancia absoluta contra eso dentro de lo que es la práctica política, pero es bastante incoherente, porque repito que pertenece al ámbito privado de las personas.

F. G.: —Ésa es tu concepción. Pero creo que si se mantiene una actitud de comprensión hacia las convicciones religiosas del otro, se limitan las tentaciones fundamentalistas.

J. L. C.: —La que expongo es la concepción del Estado laico, no la mía personal. Por lo tanto debo ser consecuente, como con la premisa de que la democracia es un hombre, un voto. Todo eso forma parte de la estructura laica del Estado, no es sólo, ni primordialmente, una convicción mía.

F. G.: —Hay un problema aquí complejo que es la tercera generación de derechos chocando con la primera (los derechos de ciudadanía) y ahí está la clave de toda la conflictividad. Los nacionalismos, por ejemplo, estaban aplastados por una realidad aparente, una construcción puramente ideológica, casi un monstruo de la razón, y se muestran ahora tal como eran, cuando entra en crisis el sistema de bloques ideológicos que los ocultaban. Lo que ocurre es que lo hacen mezclados con exigencias de democratización casi incompatibles. Igual pasa con las reclamaciones de grupos étnicos o religiosos. El conflicto de Chiapas, ¿cómo se resuelve más allá de cualquier consideración? La respuesta es: respetando los derechos originales, colectivos, identitarios, de la cultura indígena, maya, azteca... o croata, o albanesa, o... Sí, claro, siempre que sean compatibles con los derechos individuales reconocidos en la Constitución. Siempre que no choquen con ellos, produciendo desigualdades de los individuos ante la ley por razones de tradición o cultura.

J. L. C.: —Dudo de que haya derechos colectivos como tales. Si alguien utiliza el tema de los derechos colectivos hasta la saciedad es precisamente la Iglesia católica, y los nacionalismos. Hablan de los derechos de los pueblos, cuando toda la clave del arco de la democracia está basada en las libertades individuales de los ciudadanos, considerados uno a uno. ¿Hay una protección jurídica de los derechos colectivos no contemplada como suma de derechos individuales, sino como patrimonio intangible de una comunidad?

F. G.: —Puede haberla. La que llamo primera oleada de derechos son los derechos individuales, fundamento de la democracia liberal, la única que existe como tal democracia. Esta primera oleada de derechos tiene el problema de que la igualdad formal ante la ley no garantiza ni de lejos la igualdad «real», por tanto hay una segunda oleada de derechos, los de carácter social, como la educación o la asistencia sanitaria.

J. L. C.: —La sociedad del bienestar los desarrolla, pero esos derechos ya existen en el origen de la primera oleada. Por eso los liberales del XIX defienden la escuela pública, porque los derechos sociales tienden a garantizar la igualdad de los derechos individuales. Por tanto, esa segunda oleada forma parte de la primera. El paso cualitativo es lo que tú llamas la tercera oleada, los derechos colectivos.

F. G.: —Pero unos derechos y otros no han sido incompatibles sino complementarios, salvo para los liberales puros.

J. L. C.: —De acuerdo, es que son los mismos.

F. G.: —Es el derecho a la igualdad real, que sólo existe cuando los desiguales, desde el punto de vista social, son estimulados por unas garantías públicas de carácter colectivo.

J. L. C.: —Los americanos tienen un sistema de educación pública de muy mala calidad, como todo el mundo sabe. A pesar de ello, ese sistema ha permitido cohesionar a un país tan vasto como Estados Unidos. Es desastroso, pero abarca a todos.

F. G.: —Claro, y el *medicare*, por cierto, tan denostado y tan mediocre, es también un elemento de cohesión.

J. L. C.: —Vamos con la tercera oleada de derechos.

F. G.: —Cuando desaparece la política de bloques, el enfrentamiento entre sistemas totalizadores omnicomprensivos, se plantea la emergencia de los derechos culturales identitarios, los de las minorías oprimidas. No los que son minoría, en la tradición liberal clásica, porque pierden las elecciones. Me refiero a las minorías identitarias que componen la diversidad y que en España —por ejemplo— no sólo no desaparecieron, sino que renacen ahora con más fuerza porque nunca hubo un pacto republicano, como lo hubo en Francia, superador de la diversidad identitaria. En el pacto republicano, el tercer estamento obtiene la ventaja de que todos sean iguales ante la ley, frente a los que ostentaban los poderes, la representación y los privilegios: la nobleza. Del gran pacto de la burguesía con el Estado llano nace el Estado-nación francés. El pacto republicano francés renuncia a la diversidad identitaria con la compensación de la igualdad ante la ley —la ciudadanía universal—, complementada más tarde con los derechos sociales. Sin embargo, ahora el problema en muchos países lo constituyen las minorías identitarias. Cuando intervine en la primera fase del asunto yugoslavo, mantuve discusiones bien interesantes, con daneses, canadienses, teóricos de los derechos de las minorías culturales, que nunca habían vivido en un sistema que no fuera democrático. Yo les preguntaba: ¿por qué creen ustedes que en Yugoslavia se van a respetar los derechos de las minorías, si no se respetan los de la mayoría? El problema de Yugoslavia no era —o no sólo— la opresión de los no serbios por parte de los serbios, sino la opresión de todos los que no estaban de acuerdo con Milosevic, fueran serbios o no. La única manera de encajar, y es muy difícil hacerlo, la convivencia de las minorías étnico-culturales en un sistema político democrático es, primero, que sea democrático en el sentido del pluralismo, y después, dar una respuesta a los derechos identitarios, todos respetables en la medida en que sean

118

compatibles con los individuales, con los que definen la ciudadanía básica.

J. L. C.: —Yo puedo estar de acuerdo con eso. Pero la cuestión es si hay unos derechos colectivos, como tales, en cuyo nombre se puede ejercer un poder coactivo, ejerciendo una especie de representación colectiva.

F. G.: —Se puede, salvo que la ley te lo prohíba. Uno puede expresarse pública y colectivamente en tanto que católico, o en representación de un credo religioso o étnico cultural.

J. L. C.: —Pero el Estado laico tiene que adoptar una neutralidad absoluta respecto a eso. Tomemos el ejemplo vasco. Sus derechos identitarios sólo son aceptables si respetan la primera oleada de derechos individuales.

F. G.: —Es que los que definen la *civitas* son los primeros, los derechos de los ciudadanos. ¿Sabes cuál es nuestra trampa?, la racionalidad. Queremos que la explicación de nuestro comportamiento sea racional, y es también emotiva, por acción o por reacción. Por eso hay que buscar una fórmula de regulación de los derechos identitarios. La realidad catalana es como es, el catalanismo como identidad cubre al 85 por ciento de la población, y la solidaridad de ese género es más fuerte que la de clase, y más fuerte que la que genera la ciudadanía en el Estado-nación.

J. L. C.: —La democracia lo que hace es garantizar al 15 por ciento que está fuera de esa identidad exactamente los mismos derechos que al 85 por ciento restante. Mi preocupación es que quienes hablan de los derechos colectivos son normalmente todos aquellos que quieren imponer a los otros signos de identidad propios de ellos, que los demás no quieren compartir.

F. G.: —En términos dramáticos: ¿quién tiene el sello para decidir quién es o no español, vasco o catalán?

Ése es el fondo del problema que planteas. Como ves, una forma de sentir, no una racionalización que pueda objetivarse.

J. L. C.: —A mí no me interesa tener derechos como español, sino como ciudadano del Estado español. Yo soy español como me da la gana, como quiero, lo mismo que vasco o catalán. O sea que a partir de ahí el pueblo español no tiene derechos colectivos, ninguno, ni el pueblo vasco. Los derechos los tienen los ciudadanos.

F. G.: —No hay derechos del pueblo como tal, a pesar de que la autodeterminación se atribuye a los pueblos.

J. L. C.: —Y cada día, en los periódicos, aparecen gentes que hablan de los derechos colectivos de los islámicos, de los vascos, de los católicos...

F. G.: —Porque esos derechos colectivos existen en la medida en que alguien los siente como tal y, si respetan los derechos individuales, establecidos en la ley, se pueden y deben respetar también.

J. L. C.: —Una respuesta de un pragmatismo absoluto.

F. G.: —Es que soy un pragmático, de los que tan fácilmente se ven descalificados por serlo en nuestra cultura política. Porque mi obligación es ayudar a organizar la convivencia. Cuando me hablas de pragmatismo pareces identificarlo con la búsqueda de una solución, que sólo puede ser pragmática.

J. L. C.: —No lo descalifico, lo que digo es que si eso es así no se puede legislar sobre derechos colectivos. ¿Cómo voy a hacerlo sobre algo que vale en cuanto valga?

F. G.: —Sí, se puede legislar. A algunos todo eso les parecerá irrelevante pero si a otros les parece importante, yo lo respeto. Que un vasco se identifique con y por la Ertzaintza y no con la policía nacional, a ti, como ciudadano del Estado español, te parecerá poco interesante, porque tú no te identificas en la policía del Estado.

J. L. C.: —Me da lo mismo, tampoco me molesta, en la medida en que yo no vea atacados mis derechos.

F. G.: —Pues sobre cosas tan aparentemente irracionales descansa la teoría de la democracia del siglo XXI, y la convivencia internacional. Es el conflicto de civilizaciones de Huntington llevado a una dimensión diferente, el conflicto entre identidades culturales que pueden tener tendencia a excluirse, a liquidarse entre sí. La organización de la convivencia en el espacio de los Balcanes, por ejemplo, o entre Pakistán y la India, depende de que seamos capaces de entender el problema de las identidades culturales y encontrar una respuesta democrática.

LA OLIGARQUÍA FINANCIERA Y EL ESTADO DEL BIENESTAR

J. L. C.: —Muchos tenemos el sentimiento, un poco paradójico, de que la modernización del capitalismo español la hicisteis los socialistas en la transición. Con vosotros empieza a haber una racionalidad, se desarrolla el sistema financiero, se privatizan una serie de empresas públicas, se hace la reconversión industrial. ¡Justo en la etapa del socialismo!

F. G.: —En los informes de la OCDE de los años noventa, se identifica el período 1986-1992 de la economía española como el de más intensa apertura y liberalización de los países de la organización. La única etapa consistente de liberalización económica en la historia de España coincide con los gobiernos socialistas. (Hubo otra liberalización, con el Opus, a partir de 1959 para salir de la autarquía). Y curiosamente ha ido acompañada de una no renovación —lo digo en términos negativos porque así se define mejor— de eso que llamas el poder fáctico de la banca o la oligarquía financiera. Es decir, sin la tentación de crear una oligarquía al servicio del poder establecido.

J. L. C.: —A veces dudo de que esa oligarquía, a la muerte de Franco, existiera como tal.

F. G.: —Por lo menos lo parecía. Hasta la llegada al poder de los socialistas, no se concebía un ministro de Industria incompatible con el sector eléctrico ni un ministro de Hacienda conflictivo con el sector financiero. En España no ha habido un empresariado autónomo como en otros países europeos. No había un corporativismo industrial pero sí, en cambio, un poder financiero que, a la vez, decidía sobre sectores clave de la industria.

J. L. C.: —En energía y en comunicaciones, sobre todo.

F. G.: —Claro. El partido socialista modernizó la economía pero no sintió la necesidad de crear una nueva oligarquía dependiente del nuevo poder. Esa necesidad canovista, para perpetuar el sistema, la experimentó Franco. Después de la guerra civil, quiso crear su propia oligarquía y lo hizo. A partir de finales de los cincuenta, la cambió por la del Opus, una oligarquía más abierta que le ganó la mano a la falangista. El único período democrático gobernado por la derecha donde no se produce una corriente de ese género es el de Adolfo Suárez, aunque la oligarquía tradicional era todavía un condicionante muy fuerte de las decisiones del poder político. La auténtica modernización del tejido productivo, con separación de la política y la economía, se produce en la etapa socialista. Curiosamente, contemplado desde la atalaya de esta «segunda transición», fue la etapa de menor interferencia del poder político en las decisiones empresariales.

J. L. C.: —Eso que presentas como un activo de tus gobiernos muchos lo expresan como una crítica. ¿Cómo es posible que después de casi catorce años de poder socialista no se haya generado un poder económico que mantenga, al menos, una cierta neutralidad en el terreno político?

F. G.: —De hecho la mantuvo en gran parte.

J. L. C.: — ¿Ahora también?

F. G.: —Fue neutral en medida suficiente como para que la derecha sectaria del PP considerara que el poder financiero los traicionó y se puso al servicio de los socialistas.

J. L. C.: —Eso es lo que les llevó después a intentar crear una nueva oligarquía.

F. G.: —La han creado, con las privatizaciones, aunque pueda ponerse en cuestión su grado de lealtad al poder cuando llegue el momento del cambio. Es una lealtad como la de Villalonga, *hic et nunc*, aquí y ahora. ¿Seguirá después? Depende. En cualquier caso, la operación de Argentaria es un intento de desplazamiento de la oligarquía de Neguri. Repsol, Telefónica y Endesa forman parte del mismo plan. La última batalla se ha dado en el Santander, para condicionar la institución del último banco «autónomo» que queda en el país. Es la creación, de nuevo, del modelo canovista, de una oligarquía financiera al servicio de un grupo político para que, gane o pierda las elecciones, le garantice un poder económico y mediático que lo devuelva en corto plazo al Gobierno, y condicione el comportamiento de cualquier poder alternativo.

J. L. C.: —Volvemos a lo que sucedía con la Iglesia. Es más poder fáctico hoy la oligarquía financiera que lo ha sido durante la transición.

F. G.: —Sin ningún tipo de duda. El oligopolio de oferta, financiero, energético, de telecomunicaciones o mediático es muchísimo más condicionante que lo ha sido en toda la transición, más aún que en el tardofranquismo, cuando los capitalistas se sentían desmoralizados y deslegitimados. Pero ese poder es connivente con el PP en el Gobierno. Está abiertamente a su servicio.

J. L. C.: —Podríamos entonces hacernos una autocrítica.

F. G.: —Hacernos, no, hacerme una crítica.

J. L. C.: —Y una autocrítica generacional. Si tomamos los últimos veinticinco años y vemos qué ha sido de los poderes fácticos en la transición, comprobamos que el Ejército se ha democratizado y se ha profesionalizado, se ha sometido al poder civil, con lo que el problema militar que arrastraba España durante dos siglos ha desaparecido. Pero los otros dos poderes fácticos clásicos, Iglesia católica y oligarquía financiera, han aumentado su influencia. Lejos de haber sido capaces de construir unas estructuras capitalistas más comprometidas con la democracia y con la economía de mercado, o de haber generado un ambiente en el que se hubiera desarrollado una jerarquía católica más convivente con un Estado laico, lo que hemos protagonizado entre todos es una regresión. Eso es un fracaso nuestro.

F. G.: —No un fracaso, una regresión como dices, perfectamente medida y calculada. La técnica de la ocupación de los poderes sociales se ha complementado luego con la ocupación del representativo. Cuando la derecha gana las elecciones, incluso en minoría, hace un esfuerzo sistemático de sustitución de mandos al frente del poder financiero, al contrario de lo ocurrido antes. Pero más que condicionar, como poder fáctico, al político, está a su servicio.

J. L. C.: —Éste es un mensaje muy negativo para las nuevas generaciones.

F. G.: —Lo negativo sería resignarse a que esto siga así.

J. L. C.: —No hay poder, ni mal, que cien años dure.

F. G.: —Si el partido socialista gana las elecciones, este montaje de oligopolio de oferta, o de oligarquía al servicio de un grupo concreto, no se mantendrá.

J. L. C.: —Si eso es verdad, tratarán a cualquier precio de que Aznar no pierda el poder.

F. G.: —Al contrario. En el subsuelo se están acumulando muchos descontentos por la permanente intromisión del Gobierno en las decisiones de las empresas. Incluso los que le deben su posición, tratarán de hacerse autónomos. ¿Por qué habría de renunciar un oligopolio de oferta de tal magnitud a constituir un poder autónomo, gobierne quien gobierne, independientemente del grupo que le ha aupado? Y ¿por qué habría de renunciar el Opus Dei a intentar controlarlo? Vivimos una regresión de las libertades y una anomia social, pero eso acabará y los ciudadanos reaccionarán.

J. L. C.: —Ésta es una parábola fantástica de la transición, tan elogiada por otros motivos. De los tres famosos poderes fácticos, en realidad sólo se tenía en pie, en sus comienzos, uno, el Ejército, y ése se ha democratizado. Los otros dos eran una quimera y, sin embargo, se han construido luego. Y todo, pese a catorce años de socialdemocracia en el poder.

F. G.: —Es un buen relato.

J. L. C.: —Quizás esto ha sucedido porque la socialdemocracia lo que ha hecho ha sido construir el capitalismo, liberalizar la economía, privatizarla.

F. G.: —Hay un fallo sustancial que denunciaba Rato, cuando llegó al Gobierno. Es inconcebible que hayamos dejado en sus manos la cola de las privatizaciones, para que ellos hayan devuelto a la «sociedad limitada de sus amigos» lo que era de todos.

J. L. C.: —Una ingenuidad vuestra.

F. G.: —Peor. Supone una estúpida confianza en que las cosas había que hacerlas sin tener en cuenta el comportamiento que esta gente de la derecha podría tener cuando llegara.

J. L. C.: —¿Esa actitud no responde, también, a una convicción ideológica? Es como si hubieras dicho: «Yo soy socialista, partidario de una u otra manera, aun dentro de la economía de mercado, de una presencia del poder público en la economía. Por tanto, no puedo admitir que deje de estar en los sectores de energía, de telecomunicaciones, etcétera».

F. G.: —No es verdad. No era por eso.

J. L. C.: —¿No responde a una mala conciencia?

F. G.: —Para nada. No he tenido ninguna mala conciencia liberalizando la economía y obteniendo recursos para hacer política social, o para modernizar nuestro país.

J. L. C.: —No digo por tu parte, por parte del partido, ¿no es una transacción con las bases del PSOE? ¿O con la tradición del mismo?

F. G.: —En absoluto. Independientemente de que el partido pensara en el sentido que tú explicas.

J. L. C.: —¿Entonces qué es? ¿Simplemente un error?

F. G.: —Sí, un error de cálculo, de pensar que el proceso de privatización iba bien porque los comportamientos de las empresas públicas eran cada vez más privados. La interferencia del poder en el funcionamiento de las empresas, todavía con participación pública, era, con nosotros, bastante menor que la del actual poder político en esas empresas ya totalmente privatizadas. Y en las que eran ya privadas, que controlan hoy con todas las armas imaginables.

J. L. C.: —Yo eso sí lo creo. Pero los sindicatos, Izquierda Unida, alertaban en tu tiempo de que se estaba vendiendo el país, se estaba privatizando todo, y había que transar también con eso, que eran las bases.

F. G.: —Ya no era verdad. Sólo fue un error con consecuencias históricas como las que vemos. A mí me plantearon en serio la privatización de Argentaria igual que la de Endesa, porque la internacionalización de esas empresas tenía que ir acompañada de un proceso de ese tipo. En el recorrido hubo dos obstáculos, y no más. El primero fue la crisis, y el segundo la creación de núcleos duros para no perder, desde el punto de vista español —no partidario— el control de esos grandes grupos. Esos núcleos duros coincidían paradójicamente con los únicos que había: el sistema financiero. El Gobierno actual simplemente se apropió de todo, con sus fieles.

J. L. C.: —Y todo esto se hace, o se decide, con los socialistas en el poder, con el PSOE (Partido Socialista Obrero Español) en el Gobierno en un momento en el que ya casi nadie comprendía el significado de ser obrero, de ser español o de ser socialista.

F. G.: —Las siglas son una imagen y una identidad histórica. Nada más —y nada menos—. ¿Pero qué sentido tiene ser socialista? El que tuvo ya en el año 22 cuando Prieto decía «soy socialista a fuerza de liberal». El de la segunda oleada de derechos. Ése es el sentido: la defensa de la libertad real, de los derechos sociales, la lucha por la igualdad, para hacer real la libertad.

J. L. C.: —Eso lo dice Prieto en un momento en que está luchando contra la definición marxista o comunista del socialismo, hace casi un siglo. Pero el Estado del bienestar no es necesariamente socialista, ni lo es originariamente tampoco.

F. G.: —El Estado del bienestar es el paradigma de sostenibilidad del capitalismo como sistema de mercado, en la segunda revolución industrial, y resulta de la combinación de tres factores, el keynesianismo, la presión socialdemócrata reivindicativa, en busca de libertades reales y derechos sociales, y la amenaza del comunismo. La combinación de esos tres elementos convierten a la socialdemocracia en el factor de cambio fundamental, porque en el poder o en la oposición fuerzan la creación del Estado del bienestar, con el apoyo de los sindicatos.

J. L. C.: —No sólo ella. En la Europa de posguerra ese edificio se construye también con la democracia cristiana.

F. G.: —Claro, a la fuerza ahorcan. Aquí, por ejemplo, la derecha no liquida el Estado del bienestar y el sistema de reparto porque no le interesa, pero aun así no cree en él. Lo que caracteriza al Estado del bienestar es un sistema de redistribución entre clases medias, que se hace enormemente resistente a meteduras de pata como la de la Thatcher (o como la que estuvo a punto de tener el PP) con la privatización de la sanidad, y la liquidación de la enseñanza pública. ¿Quién se escapa de ese sistema de redistribución? Por arriba, algunos pocos privilegiados, y por abajo, los marginales. No es un sistema sólo de integración social de la clase obrera, sino de desaparición de la misma como tal en la sociedad posindustrial. Ése es el Estado del bienestar, paradigma de la democracia consolidada. Un sistema que hace a la sociedad renuente a aventuras que puedan conducir a su liquidación. Lo que ha cambiado es la percepción de que es perfectamente compatible la liberalización de la economía con la mejora de la sociedad del bienestar. Incluso la comprensión de que es más fácil hacerlo así que mediante las nacionalizaciones.

J. L. C.: —Para eso yo no necesito ser socialista.

F. G.: —Yo en esa trampa ya no entro. Cuando me decía Anguita, y lo alimentaba el PP, que estaba haciendo como la Thatcher, pensaba que es muy difícil evitar ese tipo de propaganda masiva, de pinza entre los comunistas y la derecha, como la que soportamos. Cualquier estudio comparativo del gobierno de Thatcher y del nuestro muestra que hay una parecida línea en la liberalización de la economía, pero un sentido contrapuesto en la introducción de elementos de cohesión social: los típicos del fortalecimiento de servicios públicos, que garantizan el Estado del bienestar. En España hubo una política de fuerte redistribución de la renta mientras que en Gran Bretaña había una política antirredistributiva y de destrucción de los servicios públicos. El modelo que sigue la derecha en España, como han comprendido ahora los sindicatos.

J. L. C.: —Todo eso se cuenta muy bien a toro pasado, y quizás explique por qué renunciasteis al marxismo como ideología, pero sólo dos meses antes de que llegaseis al poder, dos meses antes de las elecciones del 82, los banqueros andaban preocupados por si ibais a nacionalizar la banca. No transmitíais ningún tipo de garantía respecto al modelo a seguir.

F. G.: —Tienes razón, aunque en lo del marxismo, personalmente, no tuve que defenderme de nada. Kissinger me dijo que él no creía que yo no fuera a nacionalizar la·banca después de lo que había hecho Mitterrand en Francia cuando fue elegido presidente. ¿Cómo iba a ser socialista y no hacerlo?, me cuestionó. «Porque usted identifica socialista y tonto —le contesté—, y yo no estoy dispuesto a mantener esa identificación. Con un banco central, que controla y regula el funcionamiento del sistema financiero, que abarata por competencia los créditos a los ciudadanos y es una especie de servicio público, ¿por qué voy a nacionalizar la banca?». A los banqueros, les decía, en tono jocoso, que la diferencia entre Adolfo Suárez y yo, la fundamental, era que Adolfo era más capaz de nacionalizarles si llegaba el caso. Yo estaba convencido de que la nacionalización de la banca era un error estúpido, igual que casi todos los procesos de nacionalización. Llegué al Gobierno con un programa que no proponía más que una, la de la red de alta tensión, ante un poder como el de las eléctricas que era, y es, por cierto, muy grande. El gran error de la izquierda, que nosotros conjuramos, fue confundir los instrumentos con los objetivos. La nacionalización de los bienes de producción era instrumental pero se convirtió en un objetivo en sí misma. La izquierda la proclamaba pero, aparte de los comunistas en el poder, quien la practicaba era la derecha. Porque, siendo instrumental, lo único que se demostró es que servía para acumular poder, pero jamás pudo demostrarse que sirviera para crear riqueza y mejorar el bienestar de las mayorías desfavorecidas. Seguimos confundiendo instrumentos con objetivos. La pulsión de la izquierda ha sido siempre inventar el futuro para dejar que la derecha gobernara el presente. Yo rompí esa tendencia escapista, contracorriente, en el partido. La convicción de que hay que gobernar el presente para alcanzar el futuro significó un segundo reto para la izquierda. Cuando lo superó, la crítica fácil era que había dejado de ser izquierda, que había renunciado a la utopía, que no significaba nada ser socialista o ser de izquierdas. No me ha perturbado nunca este tipo de argumentos.

II

Europa,
cruce de caminos

DE LA OTAN A LA AMPLIACIÓN DE LA UE

Juan Luis Cebrián: —No sé si has cantado ya una palinodia, o has hecho una autocrítica, sobre tu actitud frente a la OTAN. Este país no tenía grandes ideas acerca del tema, y tú lo pusiste contra la Alianza, contra nuestra permanencia en ella. Hay una fecha clave que es la de aquel famoso mitin en la Ciudad Universitaria de Madrid[14]. Aunque en realidad aquí ha habido siempre un cierto sentimiento neutralista, antiamericano, tú catalizaste eso y te serviste de ello electoralmente. Luego, por lo que sea, probablemente porque viste que era

---

[14] El 16 de noviembre de 1981 se celebró en la Ciudad Universitaria una concentración «Por la paz, el desarme y la libertad». El acto tuvo un inequívoco signo contrario a la entrada de España en la OTAN. En esa concentración Felipe González manifestó lo siguiente: «Yo os aseguro que más temprano que tarde, todos los ciudadanos de España tendrán en su mano ser consultados sobre si quieren o no entrar en un bloque militar». Tras pronunciarse en contra de las injerencias de las grandes potencias en Afganistán, Polonia, El Salvador o Nicaragua se preguntó: «¿Qué dirán los aliados de la OTAN ante medio millón de españoles que dicen en Madrid que no quieren ingresar en la Alianza? ¿Oirán los responsables políticos españoles la voz del pueblo, el clamor del pueblo que no quiere la dinámica de la guerra, sino vivir en paz y en libertad?».

lo más adecuado, decidiste lo contrario y provocaste el referéndum, que generó una enorme confusión. Primero anunciaste «de entrada, no». Luego la gente comentaba, jocunda, «y de salida, tampoco». No se te puede felicitar por nada de eso.

Felipe González: —He hecho con frecuencia una seria autocrítica sobre este tema, incluso sorprendiendo a interlocutores convencidos de que había sido una jugada política tan genial que dejamos a la derecha fuera de juego durante mucho tiempo. He dicho en público que el referéndum sobre la OTAN fue uno de los más graves errores que he cometido, de los más arriesgados, aunque saliera bien para nuestro país. Y esto vuelve a estar de actualidad porque en el grupo estratégico del PP se comparó la aventura electoral del País Vasco al referéndum OTAN. El desafío electoral en Euskadi, según esta teoría, era para Aznar como el referéndum de la OTAN para Felipe González. Jugarse, con alto riesgo, el todo por el todo. Pero no parece que hayan sacado ninguna consecuencia.

J. L. C.: —No está mal visto.

F. G.: —No estoy opinando, es una información que me llegó de fuente fiable. Pese a ello, yo tenía que haber hecho como Papandreu, y como me pidió Fraga siendo líder de la oposición, no convocar la consulta y remitir la decisión a unas elecciones generales. Nadie en el mundo ha sometido a referéndum la pertenencia a un pacto militar. Es razonable, porque determinadas decisiones no deben ser transferidas a la responsabilidad de los ciudadanos, y ésta era una de ellas. Pueden formar parte de una oferta electoral en un paquete programático, que el ciudadano vota o no. Cometimos un error, casi inevitable, cuando Calvo Sotelo, con una frágil mayoría, decidió el ingreso en la OTAN. Adolfo Suárez no quiso hacerlo, a pesar de que su legitimidad era mayor, porque lo consideraba un área de consenso. Esto hizo que nos sintiéramos en la obligación de incluir en el programa electoral la consulta sobre la permanencia. A pesar de la prudencia de la formulación programática, que no se inclinaba por el sí o el no, era evidente que la percepción popular nos identificaba con el no. Cuando preparábamos la consulta, había un colaborador, que en medio de la angustia del momento —el peor que recuerdo de mi vida política— decía que el referéndum se ganaba con el 95 por ciento si le preguntábamos a la gente: «¿quiere usted que España se quede en la OTAN con su voto en contra?». Eso definía el estado de ánimo de los ciudadanos, próximo al que yo mismo sentía. De modo que lo considero un error: por el riesgo a que sometimos al país, por la presión psicológica que hicimos sobre los ciudadanos, transfiriéndoles una responsabilidad que era nuestra, y porque, a pesar de que fue un triunfo, lo fue gracias a la equivocación de la derecha y a la madurez de nuestro pueblo. Si la derecha se hubiera sumado al sí, habríamos durado mucho menos en el poder. A pesar de todo, perdimos veinte diputados en las siguientes elecciones, pagamos un coste, y todavía lo hacemos hoy, en términos de reproche de una generación entera, que no quería ser consultada porque, sentimentalmente, no quería la OTAN.

J. L. C.: —En la campaña del referéndum insistías mucho en que nunca habría soldados españoles fuera de nuestras fronteras, en misiones OTAN, y yo pensaba, ¡pero si lo único bueno de estar en la Alianza es que viajen los soldados, y los oficiales, que se enteren de cómo es el mundo! Eso ha sucedido después, y ha contribuido también a la modernización del Ejército. Aquello del referéndum resultaba tan contradictorio, a los ojos de cualquiera de mi generación...

F. G.: —Estaba lleno de contradicciones todo el asunto, pero quería evitar la integración en la estructura militar de la época, pensando en misiones OTAN de guerra, no en las de paz que se fueron practicando. La única restricción aceptable era la no nuclearización del país.

J. L. C.: —Sí, y también el argumento de que si no seguíamos en la Alianza nunca entraríamos en la Europa unida.

F. G.: —Esa tesis está muy extendida, pero no responde a la verdad. Hay una cronología de acontecimientos que demuestra lo contrario. Como yo era responsable de esa agenda, quiero que sepas que fue meditada. Al mismo tiempo que se producía la última fase de las negociaciones para la integración en la UE, teníamos planteadas las bilaterales para la renegociación del tratado con EE UU sobre las bases y la presencia militar norteamericana en España, el desafío del referéndum de la OTAN y el reconocimiento de Israel. Era el paquete de la primera legislatura, entre otras cosas.

J. L. C.: —¿Cómo explicas tú que no se hubiera reconocido antes a Israel? Se reconoció a México, a la Unión Soviética...

F. G.: —Los factores que influyeron, además de algunos psicológicos más o menos inconfesables por antisemitismo histórico, en los que no entro, eran la crisis del petróleo y la amistad con el mundo árabe, que se plasmó en los primeros créditos «jumbo» de los países petrolíferos a España. El trasfondo de rechazo a los judíos pesaba en la conciencia colectiva del franquismo, incluidos algunos reformadores del sistema. Esto lo retrasó. Cuando íbamos a renegociar algunos de esos «jumbo» árabes, porque tenían tipos de interés muy altos, la dirección de la OLP nos ofreció un préstamo de cuatrocientos millones de dólares.

J. L. C.: —¿De dónde sacaba el dinero?

F. G.: —Lo cierto es que lo ofrecieron, a un tipo de interés y en condiciones muy favorables, para sustituir parte de los otros préstamos. Alfonso Guerra, creo recordar, fue quien recibió la oferta. Pero yo le dije que no era posible que aceptáramos del movimiento palestino un crédito con unos tipos de interés así, cuando ese pueblo tenía muchas más necesidades que nosotros en los territorios ocupados y en la diáspora.

J. L. C.: —Parece algo completamente irracional. En cualquier caso, había la tesis de que estábamos obligados a aceptar la permanencia de España en la Alianza como condición para que nuestra integración en la UE fuera posible.

F. G.: —Por eso te he hablado de la agenda de esos momentos, porque todo el mundo creía y cree que fue así, incluidos los críticos del referéndum, de modo que se ha hecho casi verdad histórica. Sin embargo, si se analiza la cronología, se constata lo que digo. Primero, se firma el acuerdo de adhesión a la Comunidad Europea —junio del 85—; segundo, entramos efectivamente en la Comunidad —enero del 86—; y tercero, se hace el referéndum sobre la OTAN; por último llega el reconocimiento del Estado de Israel. Esto ocurrió de esta forma y con esta cadencia, por mi decisión personal, en una situación bastante tensa. Los americanos me preguntaban con preocupación, lógicamente, sobre el riesgo de perder el referéndum, y yo les contestaba que nadie puede garantizar que se gane o no una consulta de ese tipo, pero que procuraría que triunfara el sí. La negociación sobre las instalaciones norteamericanas en España fue dura y difícil. Estaban acostumbrados a la servidumbre de los gobiernos del franquismo. Hubo momentos de tensión con Schultz, que decidió sustituir al embajador, Tom Enders, que aparecía como amigo mío, por Reginald Bartholomew, el duro de la película, que venía de Oriente Próximo. Cuando le recibí le expliqué cuál debería ser el resultado de la negociación: «Éste (se lo definí con pelos y señales), y no va a variar, así que tome usted las distancias que quiera para ofrecer ese resultado como un éxito de su presencia aquí. Pero no se vaya a equivocar pensando que digo que quiero esto para después empezar a ceder y que en lugar de ser A sea B». No me creyó, pero no cedimos ni un milímetro sobre nuestros objetivos. Hubo momentos de una tensión enorme con Schultz. Era muy arrogante, y me llegó a decir: «Nosotros no estamos donde no nos quieren; vamos a reconsiderar la presencia en España y nos vamos totalmente». Le contesté: «Es algo que podemos contemplar, no es lo que estoy planteando, pero lo podemos considerar». Entonces intervino el subsecretario diciendo que la frase no había sido bien interpretada. Años después, durante una reunión de la OTAN en Madrid, estaba cenando con lord Carrington y el secretario de Estado y hubo un encontronazo a propósito de Noriega, el general panameño por cuya detención se produjo la terrible intervención americana, más tarde. Le dije que nunca había confiado en este personaje, al que conocía por Torrijos, y que ellos lo habían usado, primero, y ahora iban tras él. Se irritó y, cuando acabábamos la cena, Carrington comentó con su fina ironía: «Ustedes y nosotros hemos sido países con imperios, y sabemos que a los imperios se les respeta porque se les teme. Pero estos americanos son muy raros. Son un imperio, pero además desean que les quieran».

Lo que estaba diciendo antes es que decidí una cronología de los acontecimientos que impidiera cualquier presión condicionante sobre nuestras decisiones en torno al tema de la OTAN. Se trataba, en mi propósito, de la recuperación de la soberanía perdida durante la etapa franquista. Por eso fijamos el criterio de reducción de la presencia militar americana recuperando el control de las bases, y desvinculamos la negociación europea del referéndum sobre la Alianza, haciéndolo después de estar dentro de la Comunidad Europea. Esta descripción objetiva de acontecimientos hace que toda la interpretación subjetiva que se ha hecho pierda consistencia. Pero parece más verdad histórica la que tú haces.

J. L. C.: —También se dijo que hubo una transacción con Francia en lo que se refería a la lucha antiterrorista.

F. G.: —Es otro sinsentido que se ha acuñado. En la negociación con la CEE de la época, Francia jugó un papel especial con sus *préalables*, pero nunca vinculado al tema del terrorismo. Cuando llegué al Gobierno ya tenía una buena amistad con Mitterrand, pero tardé un año en hacerle la primera visita de trabajo. Sólo cuando tuve la certeza de que el final de una conversación mía con él supondría el levantamiento del veto francés para nuestra adhesión, y el cambio de actitud en la lucha antiterrorista, fui a verlo. En diciembre del 83 Francia se comprometió a empezar las extradiciones y a cooperar contra ETA. También, a cambiar el veto en el tema comunitario. Tengo pruebas documentales de dicho cambio de actitud.

J. L. C.: —A Mitterrand tuve ocasión de entrevistarle en tres ocasiones para mi periódico. La primera, con motivo de una visita de Estado a España, todavía en tiempos de Calvo Sotelo. Fue un diálogo memorable. Me recibió a solas, apoyado en una mesa estilo imperio. «¿Sabe de quién fue este escritorio?», me preguntó, para contestarse a sí mismo, con admiración, «era donde trabajaba el general De Gaulle». Parecía muy seguro, pero absolutamente encantado de haber llegado hasta allí. Cuando nos sentamos, le agradecí la deferencia que tenía al recibirme, y le hice ver mi temor de que en sólo la media hora que se me había concedido pudiera plantearle en profundidad la gran cantidad de temas que afectaban a las relaciones entre nuestros países, especialmente todo lo referente al País Vasco. «¿Cómo, media hora?», me espetó, «apenas cuenta usted con veinte minutos». Sorprendido e irritado, ante la premura del tiempo, planteé el cuestionario a toda velocidad y con cierta precipitación, de modo que poco más de un cuarto de hora después había concluido el diálogo. Se levantó para despedirme, me acompañó hasta la puerta y cuando me disponía a abrirla, detuvo mi mano. «Espere un momento», me interpeló, «¿es verdad, como usted ha insinuado, que los españoles acusan a Francia de falta de cooperación en la lucha antiterrorista? Venga y explíquemelo». De modo que volvimos a sentarnos y fue él entonces quien me hizo la entrevista a mí. Estuvimos todavía media hora más hablando, parecía como si las limitaciones de tiempo hubieran desaparecido. Después cambiaron mucho las cosas en relación con Francia, entramos en Europa y a partir de entonces hubo una política bastante consistente de lo que yo mismo llamé en un artículo el eje Bonn-París-Madrid.

F. G.: —Para ser justos, Mitterrand fue el primer presidente de Francia que entendió el problema bilateral, así como la importancia de nuestra participación en Europa. Pero con Kohl, desde el año 83, empezó a funcionar una relación privilegiada que se anticipó, por lo que te he explicado, a la primera visita a Mitterrand, a pesar de mi amistad con éste.

J. L. C.: —Digamos que hubo un proceso de construcción europea muy definido en torno a ese eje.

F. G.: —Lo que había era un grado muy alto de entendimiento de un grupo de dirigentes que se convertía en motor de la construcción europea. Era una especie de acuerdo no escrito Bonn-París-Madrid. ¿Con qué añadidos? El Benelux casi siempre estaba dentro de esa política, y el elemento nuclear era Delors, con sus constantes iniciativas como presidente de la Comisión. Mitterrand sobrevolaba por encima de los detalles, hacía el discurso. Kohl empujaba con fuerza irresistible y yo me estudiaba los papeles a fondo. Cuando Delors había agotado sus argumentos y se enfrentaba con Thatcher, entrábamos siempre a apoyar las propuestas. Esto era sistemático. Se sumaban con frecuencia los italianos, pero siempre condicionados por sus crisis, que provocaron una pérdida de peso muy seria que invalidaba su auténtico europeísmo y sus muchas aportaciones teóricas. El grupo, más que eje, funcionó permanentemente, hasta el punto de que, desde 1988, hubo una coordinación discreta entre Bonn, París y Madrid. Teníamos un enlace permanente entre la presidencia de la República francesa, la cancillería alemana y la presidencia española. Eso desapareció en 1996, con nuestra salida del Gobierno.

J. L. C.: —¿Qué queda de todo ese proyecto de construcción europea, si es que queda algo? Obviamente, ese eje no funciona ya, pero, ¿hay alguno otro que lo haga? Se percibe un gran europesimismo, una visión nada

EL FUTURO NO ES LO QUE ERA

ilusionante de Europa, una mediocridad de los líderes y un debilitamiento del papel español.

F. G.: —Hubo una década, que he llamado de «la galopada europea»: Acta Única, con su mercado interior sin fronteras y sus políticas de cohesión, presupuestos plurianuales, y Maastricht, donde se concibe y lanza el Tratado de la Unión Económica y Monetaria. Fue una etapa decisiva. Pero en medio de esta última negociación, se cayó el Muro de Berlín y se abrió un horizonte radicalmente nuevo. Nosotros estábamos en un proceso en el que la profundización de Europa era poco discutible, porque la posible ampliación estaba limitada a quince países. Después se creó un sentimiento de vértigo, envuelto en discursos morales cada vez más vacíos. Y al mismo tiempo, en un lapso de tres o cuatro años, cambió todo el liderazgo europeo. Mitterrand, Lubbers, Kohl... El proceso de construcción europea ha quedado en manos de una nueva generación —que es la mía biológicamente, aunque no políticamente— que no participa de la misma pasión europea porque sus vivencias han sido diferentes. Los últimos dirigentes alemanes que veían la unidad alemana incardinada en la unidad europea eran Kohl, Brandt y Genscher. «Quiero una Alemania europea, no una Europa alemana», decía Kohl. La primera crisis de confianza y de credibilidad se produjo en el consejo de Estrasburgo, un mes después de la caída del Muro de Berlín. Kohl y Genscher querían aprovechar ese momento histórico para superar la división de Alemania. Ninguno más, de los miembros del Consejo, seguía ese impulso, salvo en mi caso, como recuerda Kohl a cada rato. Mitterrand había ido a Kiev a ver a Gorbachov una semana antes, y puso en boca de éste todo lo que a él le preocupaba.

144

J. L. C.: —La pasión de la construcción europea se deriva de la experiencia de la II Guerra Mundial, de la reconciliación franco-alemana, y no es sustituida por nada nuevo, a pesar de que es un modelo para responder a los desafíos de la globalización. Yo no creo que con los actuales dirigentes pueda recuperarse esa pasión. El proyecto de ampliación está siendo conscientemente boicoteado y el impulso europeo ha desaparecido del diálogo político.

F. G.: —Algo hay de eso que dices y es una pena, pero parte de la explicación de mi rechazo a ser candidato a la presidencia de la Comisión es que veía ese panorama. Cuando Kohl me decía que no podía negarme, yo le contestaba: «¿Tú estás viendo lo que pasa entre los colegas europeos? Esto no tiene arreglo». La crisis de confianza fue durísima desde esos acontecimientos que he relatado. El enfrentamiento Kohl-Lubbers nunca se superó. Ahora creo que el fenómeno de la globalización y sus consecuencias no es visto por el nuevo liderazgo como una de las razones que deberían impulsar la construcción política de Europa, la supranacionalidad europea. Cuando me argumentan que es imposible una Europa a veinticinco, pregunto ¿cómo es posible unos EE UU a cincuenta y no una Europa a veinticinco con un espacio territorial más reducido, un PIB parecido y una diversidad que, salvo en la comunicación lingüística, tampoco es muy diferente?

J. L. C.: —Es que eso que llamas la comunicación lingüística es muy importante. No puedes tener un sistema burocrático que te obligue a traducir todo a dieciocho o veinte lenguas. La unidad cultural de Europa se basó en la romanización, primero, y en la cristianización, después. Pero la fragmentación y diversidad de idiomas conspira contra ella. Por otra parte, nuestros países —España menos que ningún otro— tienen una historia de enfrentamientos y conflictos entre ellos que no poseen EE UU, al margen la Guerra de Secesión.

F. G.: —Razón de más para superarlos. Ésta es la primera oportunidad en siglos para que Europa funcione unida hasta las fronteras rusas, y de acuerdo con Rusia, y para que lo haga en base a la voluntariedad de sus naciones, no a la imposición de nadie. Los desafíos de la globalización han hecho más consciente a cada poder local de su insignificancia para enfrentarlos, incluida Alemania. Europa tiene la necesidad de fortalecer sus democracias locales generando un poder global. El poder europeo tiene que ser relevante en la globalización y aprovechar las sinergias de la revolución tecnológica. Y su poder económico ha de traducirse en una política exterior y de seguridad. Pero, a mi juicio, no es previsible que ocurra y estamos dando una imagen que nos aproxima, ante los movimientos antiglobalización, a organizaciones como el FMI.

J. L. C.: —¿La Internacional Socialista tiene algo que hacer en esto? Un proyecto tan ambicioso necesita esfuerzos transversales, de mucha gente, para llevarse a cabo, no puede ser la iniciativa de un solo país, de una sola institución. Es difícil vislumbrar qué sectores o grupos pueden encargarse de poner en pie una empresa tan gigantesca en medio de un escepticismo tan grande.

F. G.: —La Internacional Socialista, no, pero sí el partido de los socialistas europeos. Podría hacer algo, pero Robin Cook, que lo preside ahora, no deja de ser un británico, con lo que comporta de distancia del proyecto de una Europa política. Sin embargo esta tarea no es ideológico-partidaria, sino patrimonio de los que creen que es compatible la existencia de democracias locales, que definan la pluralidad de identidades de Europa, con un poder global que nos represente. Eso no es socialdemócrata específicamente. La socialdemocracia está en la corriente histórica proeuropeísta, como la democracia cristiana o los liberales clásicos. Pero los democristianos se han mezclado con los conservadores antieuropeístas en la fórmula del Partido Popular Europeo, confundiendo churras con merinas y perdiendo identidad. La separación, que antes era bastante clara, entre proeuropeos y antieuropeos es ahora confusa. No se sabe claramente quién está con quién.

J. L. C.: —Algunos de los protagonistas de este momento histórico, herederos de los fundadores de Europa, son los huérfanos del 68, que marcó un impulso globalizador muy fuerte, y surgió en defensa de valores compartidos por toda la juventud europea, y aun mundial.

F. G.: —Yo soy uno de esos huérfanos, aunque la biología me traicionó y llegué antes de lo que me correspondía a las responsabilidades de poder con dirigentes políticos anteriores, de la generación de la II Guerra Mundial y de la posguerra, lo cual me crea algunas distorsiones. Aprovecho para decirte que el 68 supuso, seguramente, la anticipación histórica de lo que estamos viviendo. La primera manifestación del agotamiento de un modelo, el de la sociedad industrial, y la aparición, entonces imprevisible, de otro, la sociedad informacional. Cuando veo las reacciones que se producen contra Fischer por sus responsabilidades en el 68, y no contra otros, pienso que los únicos que están pagando el ser sesentayochistas son aquellos que se han mantenido coherentes en cierta medida con aquellas aspiraciones. Los que se pasaron con armas y bagajes a la derecha no tienen nada que reprocharse, ni les pide cuentas nadie. Cambiarse de chaqueta, si es hacia la derecha, cura las faltas de juventud. Pero, volviendo a Europa como proyecto, si no somos capaces de recuperar una nueva ética de la construcción europea que conecte con la originaria, abocaremos a una crisis mucho más profunda. El único discurso es el de la ampliación planteada en términos de obligación moral, y sin respuestas claras.

J. L. C.: —Ése es un discurso teórico, etéreo, vago. Yo no creo que apasione a nadie como proyecto. La cuestión, a mi juicio, se plantea también como un conflicto de fronteras sociales, de desigualdades en el desarrollo, de desesperanza para los países ex comunistas.

F. G.: —Si dos meses antes de la caída del Muro de Berlín nos hubieran dicho que la ampliación a los países del *hinterland* soviético, con su homologación democrática institucional, costaba un punto de Producto Bruto de la UE, todo el mundo hubiera firmado. Sin embargo, cinco años después, la condición previa de la ampliación era la no superación del techo presupuestario del 1,2 por ciento. Ésa es la negación del compromiso moral que se enarbola para defender la ampliación.

J. L. C.: —El resultado es descorazonador. Ha habido dos o tres generaciones europeístas después de la reconciliación franco-alemana. Primero, estuvieron los pactos De Gaulle-Adenauer, más tarde los acuerdos Giscard-Schmidt, finalmente Kohl, Mitterrand y tú mismo con Delors. Ahora todo eso se ha frenado casi por completo, ha desaparecido el alma europea, incluso en este país, o en Portugal, donde padecíamos la pasión de ser europeos como respuesta —también— a los problemas internos de estabilización de nuestras democracias y de desarrollo de la sociedad de bienestar. Las estructuras políticas y culturales se han estancado. No así el intercambio de capitales. Eso no hay quien lo pare.

F. G.: —Por eso se confunde la Unión Europea con la Organización Mundial de Comercio o con el Fondo Monetario Internacional, porque deja de percibirse como proyecto político para la cohesión y el desarrollo internos y para la cooperación y la paz internacionales. Pero la contradicción se agranda porque los intereses empresariales, económicos, o como se quiera llamar, se han tomado en serio el espacio europeo ampliado y están proyectando hacia allá sus inversiones, creyendo en el proyecto.

J. L. C.: —Pero la organización política de Europa no acompaña. La Comisión tiene menos peso y muchos gobiernos nacionales, incluido el español, han perdido interés en el proyecto, en nombre de un neonacionalismo absurdo. A mí me asombra ese debate sobre la cooficialidad del alemán en la UE, con los españoles reclamando: «pues si es oficial el alemán, que también lo sea el castellano». El español lo hablan en Europa cuarenta millones y el alemán, cien. Según esa postura tan hispana, también tendrían que ser oficiales el polaco o el italiano, con lo que ya estamos en la Babel de lenguas, uno de los principales problemas de la construcción de Europa. Hay una pérdida de tensión europea en este Gobierno, pero no sólo aquí, también en los de otros países. Berlusconi no es un proeuropeísta, precisamente. Jospin lo es menos que Mitterrand, aunque no hable tanto de «La France» y su grandeza, porque al mismo tiempo es mucho más provinciano. Ahora presumen de europeístas los países nórdicos, que tienen un peso relativo muy pequeño, y no son proeuropeos en realidad, salvo los finlandeses. En cualquier caso, se nota una falta de tensión y de ilusión.

F. G.: —Es cierto. No hay una visión europea, y sin visión europea no es posible construir un proyecto tan complejo. Lo peor de lo que ha pasado es que una época de gran bonanza económica ha coincidido con una etapa de europesimismo o euroescepticismo.

J. L. C.: —Pues con la crisis económica, descenderán las adhesiones.

F. G.: —Cuando la tarta disminuye, el reparto se hace más difícil. Me ha dado rabia que nuestro Gobierno haya planteado tan mal el problema de los fondos estructurales: que nosotros no vamos a cambiar nuestro nivel de renta por el hecho de que entren países con menos nivel, es una obviedad. En Europa, la mitad del escaso presupuesto va a la política agraria común, se supone que porque atiende al sector más desfavorecido, el de los agricultores, aunque no siempre sea así. Un 30 por ciento del presupuesto son fondos estructurales para las regiones más pobres. Lo que los países más ricos proponen es que, con el mismo esfuerzo presupuestario, los fondos dedicados a los sectores sociales y a las zonas más pobres de la Europa a quince se dediquen a la financiación de los aún más pobres que van a entrar. Es decir, que mientras los ricos no hacen esfuerzo alguno para la ampliación, los pobres financien a los más pobres. Esto no es sostenible desde el punto de vista de la cohesión, que es un principio de la construcción europea incorporado al Tratado de Maastricht. Podríamos conseguir el acuerdo de los alemanes, si somos capaces de demostrarles que ellos y nosotros estamos injustamente tratados en la financiación europea. Ellos porque pagan más, relativamente, que otros, y nosotros porque pagamos también más, o recibimos menos, en términos relativos. No hay que discutir de gastos en la UE hasta que no se arregle el problema de los ingresos, para conseguir que sean, al menos, proporcionales al PIB *per cápita*. Como eso no se va a producir, deberíamos dejar el presupuesto en los términos actuales, 1,2 por ciento del PIB, con los ingresos y gastos de ahora, y proponer que la financiación necesaria para la ampliación se hiciera con un esfuerzo complementario, calculado en términos de PIB *per cápita*. Seamos igual de solidarios todos, pobres y ricos. Estamos ante una nueva generación que no se siente obligada a mantener la unidad europea, tal como fue concebida, que no ve nuevas razones para impulsarla ante los nuevos desafíos de la globalización. En el caso del Gobierno español, éste es el problema básico.

EL FANTASMA DEL TERRORISMO

J. L. C.: —Al hablar de la etapa Mitterrand ha salido a colación el terrorismo. Ahora hay un solo tipo de violencia política en España, que es la de los etarras, porque la de la extrema derecha se controló en la transición. También en esa época aparecieron los movimientos de terrorismo antiterrorista, la guerra sucia, que mucho tuvo que ver con la crisis de tu Gobierno y el ataque furibundo del Partido Popular, y la prensa adicta, contra ti. Yo me enfrenté con Barrionuevo, cuando era tu ministro del Interior, por culpa de las críticas de mi diario a la política antiterrorista y de nuestras denuncias de las actividades del GAL. Entonces, Pedro J. Ramírez en *Diario 16*, o el *ABC*, no decían nada, incluso aplaudían la guerra sucia, pero luego utilizaron su existencia para erosionar al poder político socialista. Ahora hay algo más notable, que es la exacerbación de las informaciones en torno a las víctimas del terrorismo, la utilización de éstas para galvanizar el ánimo de los ciudadanos. A finales del franquismo, también al comienzo de la democracia, existía la convicción de que la libertad de expresión obligaba a hablar del terrorismo, pero que era peligroso dar voz a los criminales, porque los actos terroristas son actos de propaganda y lo que buscan es notoriedad. Ésta es una creencia generalizada en el mundo y yo he asistido a decenas de conferencias y simposios internacionales sobre el tema, en los que un estribillo ya conocido es la inconveniencia de utilizar el dolor de las víctimas para sacudir las conciencias, y la inmoralidad que comporta esa actitud. Eso es válido también para los sucesos de sangre que no tienen raíz política. La actitud de los medios y las televisiones americanas en ocasión del reciente atentado contra las Torres Gemelas y el Pentágono ha sido ejemplar en ese sentido. La sobriedad y dignidad mostradas por Bush y los periodistas americanos contrasta con el barroquismo a que nos tienen acostumbrados aquí.

F. G.: —Estoy de acuerdo con tu análisis, con algunas precisiones importantes. Lo que diferencia al terrorismo de otros tipos de criminalidad organizada es su deseo de infundir terror, parece una perogrullada, pero si no se tiene en cuenta esto, se cometen errores que favorecen a los violentos.

J. L. C.: —En ese sentido, la multiplicación de demostraciones públicas masivas de protesta por los atentados me parece, en ocasiones, una paradójica victoria del terrorismo.

F. G.: —Sin duda.

J. L. C.: —Yo era amigo de Tomás y Valiente y cuando se montó la manifestación por su asesinato decidí no ir a ella porque creí que se estaba incurriendo en una manipulación, como luego se demostró.

F. G.: —Yo dije que no iba.

J. L. C.: —Sí, pero eras presidente del Gobierno y te viste obligado a asistir. A veces pienso que el que se hubiera opuesto a que se organizara un acto así, una manipulación tan burda de los sentimientos populares, habría sido el propio Tomás y Valiente. Al final, los del PP comentaron: «Esto es una manifestación contra el Gobierno». Cuando la muerte de Miguel Ángel Blanco, ya con los populares en el poder, nuevamente se montó otra movilización que dura hasta hoy. Y como creo que el Gobierno no hizo cuanto estaba en su mano para evitar ese asesinato, todo ello me produce una incomodidad especial.

F. G.: —Pero no hubo movilización cuando mataron al magistrado del Tribunal Supremo Martínez Emperador, por ejemplo, ni siquiera presencia del presidente del Gobierno en el funeral.

J. L. C.: —Bueno, ya llevas seis años fuera del Ejecutivo, han pasado dieciséis o dieciocho desde el final del GAL, veinte más de las actividades del Batallón Vasco Español, veinticuatro del secuestro de Oriol y el general Villaescusa por los GRAPO. ¿Qué reflexión puedes hacer sobre este tema, sobre el terrorismo antiterrorista o sobre el terrorismo manipulado por la extrema derecha y la policía? Junto con la corrupción, ésa ha sido la cuestión más utilizada por tus opositores para denigrarte. Y corremos peligro de que quede como una verdad histórica, para las nuevas generaciones, que en este país la que roba y mata en el poder es la izquierda.

F. G.: —Seguramente es la ocasión de empezar a decir cosas que no se han aclarado. Cuando ha sido históricamente la derecha la que ha protagonizado la corrupción y ha producido situaciones de terrorismo de Estado como la del franquismo...

J. L. C.: —Por eso es tan necesaria la recuperación de la memoria histórica. ¿Qué cosas que no has dicho puedes decir ahora sobre este tema, qué reflexión puedes hacer?

F. G.: —¿Qué percepción tengo ahora, o cuál tenía en el momento en que ocurrían los hechos? Lo primero que ha obstaculizado cualquier reflexión seria era la suposición de que constituía una monstruosidad contextualizar los acontecimientos, que se producían en la época más dura de la violencia terrorista. Cuando lo que es una monstruosidad es no hacerlo, porque la historia nunca está fuera de contexto, salvo si se quiere su falsificación, como ha ocurrido. Eso es lo que ha pasado con el tema del GAL, casi diez años después de la desaparición del fenómeno, y la complicidad fue de todo el mundo, nadie o casi nadie se escapa. Los únicos que protestasteis en el momento contra ilegalidades que se producían erais vosotros, es cierto, incluso antes de la época socialista.

J. L. C.: —Barrionuevo me llevó a los tribunales, el diario *El País*, y yo mismo, mantuvimos serias diferencias contigo, siempre por la cuestión del GAL, y ahora hay ocasiones en que tengo casi que explicar que yo no lo apoyaba, e incluso explicárselo a los del PP, que lo aplaudían abiertamente. Claro que tengo que decir también que no apoyo a la ETA, simplemente porque no comparto la política de este Gobierno destinada a destruir y humillar al PNV.

F. G.: —Has citado a Barrionuevo, sometido a un proceso que cuestiona su honradez personal, siendo como es una persona intachable en materia de dinero.

J. L. C.: —Tienes razón, yo nunca he dudado de su honradez, sólo critiqué su política. No sólo no le guardo ningún rencor sino que después de su marcha del ministerio he mantenido, y mantengo, una cordial relación con él.

F. G.: —Cuando salí del Gobierno alguien se presentó en mi despacho de Gobelas y me facilitó información de los servicios de inteligencia que yo no conocía, incluso referidos a mí, anteriores a mi llegada al poder. Entonces me enteré de algunas cosas que aportaban luz sobre las acciones ilegales contra el terrorismo, no sólo en la transición sino antes de la muerte de Franco. Lo curioso es que toda la información estaba disponible, el problema era articularla, ordenarla y sacar consecuencias. A la muerte de Carrero Blanco, se decide que hay que darle una réplica a ETA, una demostración del ojo por ojo.

J. L. C.: —¿Quién lo decide?

F. G.: —Algunos responsables de servicios de la época y grupos conectados a ellos...

J. L. C.: —¿Militares, fundamentalmente?

F. G.: —Sí, pero no sólo, además no actúan como servicios de inteligencia, y lo hacen al margen de las estructuras policiales. Así empieza a generarse un primer grupo de respuesta, de lo que llamamos guerra sucia, que permanece durante una década. Todavía queda gente que sabe lo que pasó, aunque estén mayores y enfermos. Esa trama, nunca formal ni permanentemente organizada, que cambiaba de nombres en las reivindicaciones, continuó operando durante los tres primeros años de mi Gobierno. Pero he dicho algunas veces que nunca hubo terrorismo de Estado en la transición, ni siquiera en el tardofranquismo, y no se me quiere entender, porque la operación de desestabilización del Gobierno socialista exigía y exige que esto no se aclare.

J. L. C.: —¿No era terrorismo de Estado, puro y duro, el intento de asesinato del independentista canario Cubillo durante los años de UCD en el poder?

F. G.: —No. El terrorismo de Estado es una decisión formal y organizada del Estado de acabar con resistencias armadas o ataques terroristas organizados. Es lo que ocurrió en Argentina, en Chile, en las primeras y largas etapas del franquismo. Lo que distingue el terrorismo de Estado de las acciones incontroladas, aunque sean próximas a ciertos aparatos de poder, es que es mucho más destructivo que cualquier otra manifestación de violencia. ¿Qué es lo que me produce horror de la comparación entre Chechenia y el País Vasco, que endosa nuestro Gobierno cuando la expresa Putin? Que en Chechenia se ha practicado terrorismo de Estado y en España no. Jamás, si se ha decidido una estrategia de terrorismo de Estado, el balance de muertos es como el que vivimos en España. Si lo hubiera habido, habría sido derrotado por ETA, lo que parece inverosímil. El terrorismo de Estado mata a los que son, a los que parecen ser, a los que se aproximan...

J. L. C.: —... que podrían ser, los que pasan por la calle...

F. G.: —... con la intención de acabar con esa violencia terrorista. Normalmente, cuando es sistemático y se hace a fondo, lo logra a costa de un horror como el vivido en Argentina o Chile. El terrorismo de Estado franquista acabó con la resistencia de los maquis, independientemente de la legitimidad o no del poder franquista.

J. L. C.: —Montaron la famosa Contrapartida, que arrasaba pueblos enteros.

F. G.: —Matan veinte o cien por uno. Eso no ocurrió con el Batallón Vasco Español o el GAL, porque no hubo terrorismo de Estado. Pero las respuestas ilegales al terrorismo duraron desde 1975 hasta 1985 o 1986.

J. L. C.: —¿Qué es lo que piensas entonces que se ha hecho mal o se ha gestionado mal por tu Gobierno y por el PSOE, del 86 hasta aquí, para que se montara la que se montó?

F. G.: —No lo sé. No supimos reaccionar al montaje conspirativo que se puso en marcha con una propaganda masiva de denuncias de corrupción y crimen. La mezcla era intencionada y explosiva para destruir la credibilidad, sin parar siquiera en consideraciones de seguridad o estabilidad democráticas.

J. L. C.: —¿Nada se hizo mal? ¡Pero está esa mezcla de acusaciones de terrorismo de Estado y malversación de fondos reservados! Algo se habrá gestionado como no se debía.

F. G.: —No digo que nada se hiciera mal, porque seguramente hubo fallos y algunos son claros. Pero hay muchos más fondos reservados ahora que los que había en mi gobierno, muchos más, y se utilizan de manera no legal, si es que hay una legalidad en el uso de dichos fondos. Me duele especialmente que gentes como Barrionuevo y Vera o Corcuera tengan que soportar lo que soportan y sigan siendo personas sin recursos, a diferencia de lo que estamos viendo ya, en la etapa que se prometía regeneracionista.

J. L. C.: —Si son reservados, digo yo que es porque son para cosas que no se pueden decir, aunque exista un control parlamentario.

F. G.: —Ahora están en Francia con ese enredo, pero tienen más sentido del Estado que nosotros, aunque nos atrevamos a darles lecciones de democracia, como a todo el mundo, desde un país como el nuestro que la conoce poco históricamente. Mira, a pesar de que hubo casos de corrupción serios en la etapa socialista, el tiempo y el conocimiento de los hechos demostrará que ha sido una etapa más limpia que la que estamos viviendo. Incluido el uso de fondos reservados, desde el año 96, para temas sin relación con la seguridad en sentido estricto.

J. L. C.: —Mi preocupación es qué nivel de discrecionalidad ha de tener un Estado democrático, qué nivel de flexibilidad, en estas cosas, y qué responsabilidad tiene la clase política, sin que eso acabe destruyéndola. Sea por su vida privada o por crímenes o delitos cometidos en el ejercicio del poder, hay una gran cantidad de líderes políticos de las democracias más estables que hoy se ven constantemente ante los tribunales.

F. G.: —Sobre todo a partir del 89, de la caída del Muro, que cambia algunas cosas decisivamente, sin que sea fácil interpretarlas.

J. L. C.: —¿Podemos imaginar que puede funcionar el Estado moderno sin lo que Paco Ordóñez denominaba «la cloaca»?

F. G.: —A mi juicio, no existe ningún Estado sin áreas secretas, susceptibles de abusos, pero imprescindibles para la seguridad.

J. L. C.: —Si no se puede funcionar sin que corra el agua por las alcantarillas, ¿cuál es el nivel ético, moral, que puede resistir una comunidad democrática...?

F. G.: —El de las personas que encarnan el poder. A pesar de todo lo que ha llovido, tengo la esperanza de que la mayoría de los españoles no crean que soy un corrupto y terminen por comprender que los miembros de mi Gobierno cuestionados siguen viviendo de su esfuerzo y no de lo que nunca sustrajeron.

J. L. C.: —No hablaba de la corrupción económica.

F. G.: —Yo tampoco. Estoy hablando de la corrupción en general, pero intentando no corromper el debate político, porque estoy seguro de que no se puede hablar de toda la derecha o de todo el PP, si surge un asunto como Gescartera.

158

J. L. C.: —Generalizar siempre es malo, pero en la corrupción económica, que se atribuye a muchos socialistas, tu persona está limpia de sospecha, por más que han querido buscarte toda clase de vueltas.

F. G.: —No lo sé, porque todavía me atribuyen bienes increíbles, que ni sé dónde quedan.

J. L. C.: —Será que yo lo miro con otros ojos. Sin embargo, en el tema GAL la opinión extendida es que había un gran consenso social que apoyaba sus acciones, por lo que el poder prefirió mirar hacia otro lado, al margen del caso concreto de Segundo Marey. Está escrito en los periódicos.

F. G.: —No se quiere entender que el problema venía de atrás y se acabó en nuestra etapa...

J. L. C.: —También existe un cierto nivel de cinismo cuando algunos dicen que «el problema es que lo hicieron mal». ¿Cómo se hace bien?

F. G.: —Fraga tenía la respuesta: «Cualquier teniente de la Guardia Civil sabe cómo se arregla esto».

J. L. C.: —¡Aquella frase de que el mejor terrorista es el terrorista muerto!

F. G.: —El día que mataron a Brouard[15], intentaron también asesinar al hermano de Juan José Rosón, que era general, y a su chófer. Esa noche hice una nota que reflejaba mi pensamiento en el contexto de lo que pasaba (no

---

[15] Santiago Brouard, médico, presidente del partido vasco HASI y dirigente de Herri Batasuna, fue asesinado el 20 de noviembre de 1984 en Bilbao. El asesinato, que causó una gran consternación, fue el último de los reivindicados por los GAL. La instrucción judicial de este caso ha tropezado con múltiples dificultades. El juicio determinó que el autor material del asesinato fue Luis Morcillo Pinillos aunque fueron procesadas otras ocho personas: Julián San Cristóbal, Rafael Masa, Miguel Planchuelo, José Amedo, Michel Domínguez, Francisco Álvarez, Antonio Rosino y Jesús Martínez Torres. Todavía está pendiente la calificación de las penas.

en su reconstrucción, dieciséis años después). No quiero decir que me doliera igual cuando morían guardias civiles, diputados, empresarios o taxistas, que cuando moría un miembro de ETA, porque no podía ser así. Me caía una losa en la cabeza cuando había un atentado, cuando a las doce de la noche sonaba el teléfono y me comunicaban que habían asesinado a tres guardias, o al conductor de un taxi, o a un teniente de la Policía Nacional. Pero nunca sentí alegría cuando se asesinaba a uno de los violentos. Sé que había gente que sí se alegraba, y lo comprendo, me parece un sentimiento humanamente justificable, pero yo no lo compartía. Sin embargo, hemos tenido que soportar la insidia de una operación repugnante de acoso, que ha llevado a condenas injustas a servidores leales del Estado democrático. Y continúa.

J. L. C.: —Ahora, después del GAL, del Batallón Vasco Español, de la tregua, sigue habiendo terrorismo. Desde hace 40 años, sigue habiendo terrorismo etarra, aunque se han acabado el GRAPO y el terrorismo de extrema derecha. Lo del GRAPO siempre me pareció, al menos en parte, una operación policial que se le fue de las manos al Gobierno. Una de las cosas más notables es que el autor de las notas del secuestro de Oriol,[16] el que redactaba los comunicados, nunca ha pisado la cárcel.

---

[16] Antonio María Oriol de Urquijo, ministro de Justicia y presidente del Consejo de Estado durante el franquismo. En diciembre de 1976, en vísperas del referéndum para la reforma política, fue secuestrado por los GRAPO, que exigían para su devolución la puesta en libertad de quince presos. El 23 de enero de 1977 es secuestrado el teniente general Villaescusa Quiliz, presidente del Consejo Supremo de Justicia Militar. Villaescusa y Oriol fueron liberados el 11 de febrero de 1977. Al día siguiente del secuestro de Villaescusa, el 24 de enero de 1977, un comando de pistoleros de extrema derecha asaltó el despacho laboralista de CC OO de la calle Atocha de Madrid, y asesinaron a cinco de los abogados e hirieron a otros cuatro, hecho que se conoce como «la matanza de Atocha».

F. G.: —Jamás he sabido con claridad lo que pasaba con este grupo. ¿Sabes que yo era el individuo del canje para la entrega de Oriol?

J. L. C.: —Yo contacté con el embajador argelino, a petición de Rosón, para hacer el trato.

F. G.: —Querían que yo fuera la garantía de que podrían salir del país.

J. L. C.: —La historia del secuestro de Oriol y del general Villaescusa está por escribir. Yo la viví muy intensamente por motivos profesionales y me parece uno de los episodios más siniestros de la transición española. Tanto como la matanza de Atocha, de la que por lo demás resulta inseparable. Bien, ¿qué hacemos hoy con el terrorismo en España? Hay ofertas de diálogo de los nacionalistas vascos, tu Gobierno negoció en Argel, este Gobierno negoció en Ginebra, el PNV ha negociado en todas partes, ¿tiene esto una salida previsible, negociada o armada, política o policial?

F. G.: —No sólo está por escribir esa parte de la historia, sino el conjunto de lo que estamos hablando en materias como ésta. Lo que se está produciendo es una gigantesca deformación de lo sucedido en beneficio de un grupo de poder. Pero es imposible abordarlo en una conversación así. Creo, ante tu pregunta, que no tiene salida previsible el problema del terrorismo, no que no tenga solución. La política antiterrorista de este Gobierno es errónea desde el principio. Lo fue la utilización política del problema del terrorismo y se ha vuelto contra todos, beneficiando sólo a los violentos. Ha sido ineficiente antes de la tregua, en la gestión de la tregua y después de la tregua. Eso es lo que creo. Hemos perdido capacidad durante mucho tiempo, por el destrozo irresponsable que se hizo de aparatos de seguridad e inteligencia. Costará mucho reconstruirlos.

J. L. C.: —¿Se pueden poner condiciones al diálogo con ETA? Quiero decir, si se necesita un diálogo, convendría aclarar cuál es el ambiente en el que ha de celebrarse.

F. G.: —El error del Gobierno es hacer depender la lucha antiterrorista de la opinión pública, porque con eso ya cuenta. Los terroristas tienen que perder toda esperanza no sólo de obtener ventajas políticas por lo que hacen, sino de obtener cualquier cosa. Cuando sepan que ni obtienen ventajas políticas, ni pueden resolver el problema de los presos utilizando la violencia, empezarán a buscar otra salida. Pero no podemos conseguir las dos cosas a la vez: que pierdan la esperanza, dándoles la esperanza de que pueden negociar. Eso es contradictorio en sus términos.

J. L. C.: —¿Es el terrorismo el principal problema de este país?

F. G.: —A mi juicio no, pero es el más doloroso, el más dramático y agudiza los otros referidos al País Vasco.

J. L. C.: —¿Es el terrorismo una amenaza para la estabilidad democrática española?

F. G.: —A mi juicio, no. Dejó de serlo en los ochenta, a pesar del intolerable sufrimiento que produce.

J. L. C.: —Lo ha sido, en la transición.

F. G.: —Sí, ligado a los movimientos involucionistas, a los que alimentaba. Dejó de serlo a partir de 1982 o 1985. Lo que se convierte en un problema no de transición, ni de consolidación democrática, sino de convivencia, es el problema vasco, y un mal tratamiento del mismo, aunque sea electoralmente rentable.

J. L. C.: —Paradójicamente es más grave la situación social y política del país que el terrorismo en sí.

F. G.: —El razonamiento es al revés. Es más grave la consecuencia para la convivencia social y política, rota por la violencia terrorista, que el terrorismo en sí, en caso de que pudiéramos aislarlo de esto.

J. L. C.: —Igual que son más graves las consecuencias de la no legalización de la droga que la existencia de la droga en sí. Es más grave la consecuencia del mal que el mal en sí mismo.

F. G.: —Es posible. Pero, por eso, el tratamiento que se ha dado al problema vasco, incluido el nacionalismo democrático, es el gran error del PP: fue su responsabilidad la ruptura de Ajuria Enea, a la que se enganchó el propio PNV, iniciando una política de acercamiento a los violentos. Cuando este acercamiento se produjo, los terroristas ya habían hecho una oferta de tregua con una interrupción *de facto*, entre mayo y diciembre de 1985, rota por el atentado del puente de Vallecas. Nosotros entregamos esa información al Gobierno del PP y al PNV. El Gobierno lo explotó públicamente contra nosotros mientras consentía al PNV —su socio parlamentario— que siguiera los contactos con ETA, aunque creo que Mayor Oreja no estaba en eso. Mayor estableció una línea de comunicación con Herri Batasuna, pero se la estropearon mediáticamente los servidores de Moncloa. En todo caso, el PNV habló con ETA con conocimiento de la presidencia del Gobierno. En marzo del 98 éste sabía que se estaba negociando la tregua, como mínimo en marzo, y para esas fechas el Gobierno sabía también que el PNV no apoyaba el documento Ardanza[17].

---

[17] Plan de pacificación para el País Vasco que el *lehendakari* José Antonio Ardanza presentó en marzo de 1998 ante el Pacto de Ajuria Enea. Este documento trataba de desarrollar el punto 10 de dicho Pacto, referido al final dialogado de ETA.

J. L. C.: —¿Por qué no se aprovechó ese documento, que ahora parece que es la tabla de salvación para muchos? Todo el mundo se acuerda de él y sin embargo se rechazó cuándo el anterior *lehendakari* lo propuso.

F. G.: —El documento no estaba apoyado por el PNV, salvo en apariencia, cuando a HB se le decía otra cosa. Pero, además, en realidad era inaceptable en la forma y en el fondo. Un «lo tomas o lo dejas».

J. L. C.: —No todos piensan así. Algunos creen que avala una lectura diferente de la Constitución, que facilitaría una salida.

F. G.: —Ardanza dio el documento a los partidos con un mensaje: esto no es para negociar, es para decir sí o no. Ésa fue la formulación porque era el único margen de maniobra que tenía, aunque Ardanza estuviera dispuesto a discutirlo. Pero al mismo tiempo, el servicio de inteligencia informó de la conversación entre los negociadores del PNV y los representantes por parte de ETA, que iba por los derroteros que afloraron después.

J. L. C.: —En mi opinión ninguna solución es posible en el País Vasco sin un acuerdo serio y estable con el nacionalismo democrático.

F. G.: —Forma parte inexcusable de la solución, aunque lo sea también del problema. Hay que recomponer la relación con el PNV, pero dejando claras las cosas y abriendo un espacio de consenso renovado. Sin bromas de alianzas nacionalistas periféricas que provoquen repuntes nacionalistas del centro, como la declaración de Barcelona, ante la que se inhibió el Gobierno.

J. L. C.: —Ahí no sólo está el PNV, están también Pujol y el Bloque.

F. G.: —A eso me refiero, y de eso sí que hay responsabilidad por parte del Gobierno. La recomposición de la relación con el PNV se podría hacer aprovechando un diálogo de fondo en torno al estatuto y al proyecto de Europa, incluida una reforma del Senado. El Gobierno piensa que lo que ha fallado de su política en las elecciones vascas de 2001 es la dosis, no la orientación —y muchos ciudadanos también lo creen—. O sea que van a mantenerla y multiplicarla. La nueva situación durará lo que se tarde en deslegitimar al nuevo Gobierno vasco, y volveremos a la misma crispación de antes.

J. L. C.: —El partido socialista ha adoptado una actitud bien parecida.

F. G.: —Yo no me atrevo a responder en nombre del partido socialista porque no ocupo ningún cargo de responsabilidad, pero pienso que tendría que hacerse un esfuerzo incluyente del pacto antiterrorista y recomponer la relación política que dio lugar al consenso antiterrorista. Hay que empezar, otra vez, desde el principio, evitando que continúe el deterioro de la confianza entre demócratas. De otra forma, el proceso no tiene ninguna salida.

J. L. C.: —Pero, insisto, sin el PNV parece imposible la solución.

F. G.: —Y con el PNV, tal y como está hoy, tampoco será posible.

J. L. C.: —Habrá que ayudar entonces a que cambie su actitud. Por eso creo que el pacto antiterrorista PP-PSOE no ayuda. Además, se convirtió en un acuerdo electoral, y yo veo como gran perdedor en todo esto a los socialistas, porque el Partido Popular gana fuera de Euskadi lo que pierde allí.

F. G.: —Y gana en Euskadi también, si te refieres a los votos que aumenta con esta posición.

J. L. C.: —De acuerdo, el voto útil del españolismo vasco se va a concentrar en el Partido Popular en el futuro, y fuera de Euskadi el partido socialista tiene a sus votantes confusos y desencantados con tanto acuerdo con el PP, mientras se ha quedado con un papel cada vez más indefinido en la cuestión vasca. Ha pasado de ser el primer partido de Euskadi, determinante por tradición e influencia, a ser prácticamente un invitado de piedra.

F. G.: —En mi opinión seguirá siendo determinante dentro y fuera del País Vasco si tiene conciencia de serlo. Lo que ha perdido el partido es esa conciencia de ser determinante para la convivencia española. En el momento en que la recupere, esto empezará a cambiar. Está ocurriendo ya.

J. L. C.: —Si el partido socialista no se mueve y el PP mantiene su actitud, probablemente sería un movimiento inteligente de los nacionalistas pactar con el Gobierno, como ya hicieron en el pasado. Quienes tienen la llave ahora del pacto histórico en el País Vasco son PNV y PP, y eso es lo que yo veo que ha perdido el PSOE, o mueve ficha o se queda aislado, le pueden dejar fuera del mapa en cuanto se descuide.

F. G.: —La política antiterrorista del PP es, lamentablemente, un fracaso en términos de eficacia, como aparece en todos los sondeos de opinión, al tiempo que las declaraciones contundentes son apoyadas mayoritariamente. Creo que no fue un error el pacto antiterrorista, aunque lo sea su interpretación excluyente. La opinión pública apoya la propuesta de pacto que hizo Zapatero, por eso el PP trata de apropiárselo, haciendo olvidar que al principio estaba en contra. Lo preocupante es que al Gobierno le importe sólo la opinión, descuidando la eficacia.

J. L. C.: —Le ha apoyado mucha gente y a rabiar, entre ellos intelectuales de izquierda, que se sumaron al pacto electoral PP-PSOE —no sólo al pacto antiterrorista—, y convirtieron las últimas elecciones en una confrontación con el nacionalismo vasco desde un nacionalismo español casi primario. A veces esta gente, que está en su derecho de apoyar lo que quiera, claro está, a condición de que se avenga a reconocerlo, de que no haya trampas, se mueve y coordina igual que la derecha. Las prácticas que hemos criticado a los reaccionarios, las hemos visto reproducidas por algunos de ellos.

F. G.: —Otros, como Recalde, a pesar de su experiencia, no han caído en eso que señalas. Pero hay confusión y algunas trampas en este tema, a mi juicio, intencionadas. Nadie nos dijo cuándo gente representativa de ¡Basta Ya! abandonaron la Fundación Miguel Ángel Blanco. Nadie nos lo ha dicho, ni por qué. Ni siquiera hoy sabemos si ha sido así. Eso lo tienen que aclarar si quieren ser transparentes.

J. L. C.: —Lo que tienen que aclarar en general es cuál es el fundamento intelectual o moral que les permite a ellos establecer quiénes son los buenos y quiénes los malos y cómo es posible que gente de talante liberal apoye abiertamente la confrontación política entre los ciudadanos y, sin embargo, no pidan mayor eficacia policial y no reclamen al Ministerio del Interior por su fracaso estrepitoso a la hora de defender la vida de las personas. Encima, hay que oír que no se puede opinar de esto si no se es vasco o si no se vive en el País Vasco.

F. G.: —Salvo que sean ellos los que opinen en una o en otra dirección. Esta discusión la he tenido con algunos compañeros, que me dicen lo mismo. Si pierdo capacidad para expresar lo que pienso, porque no estoy allí, al menos debería tenerla para hacer ver que ellos han expresado opiniones contradictorias, estando allí. Cuando creía que no se podía seguir manteniendo un Gobierno de coalición con el PNV, aunque el PP fuera su socio parlamentario en Madrid, me decían que había que estar allí para entenderlo. Cuando expresaba dudas sobre la indiferenciación programática o el frentismo con el PP, me daban el mismo argumento. O tengo derecho a opinar o no, pero si opino, lo hago con plena responsabilidad, sin esos condicionamientos.

J. L. C.: —No se puede estar contra el ámbito vasco de decisión y defender el ámbito vasco de opinión. A pesar de todo nos hemos callado, y a nada que alguien dice algo considerado «políticamente incorrecto» se monta el guirigay.

F. G.: —Puede empezar a cambiar la cosa. Depende en buena medida del PNV. Han ganado, pero no han obtenido la mayoría que sí consiguió el PP en toda España. Han sido socios del PP durante cuatro años, antes y durante la tregua de ETA que negociaron. Tienen que sacar consecuencias sensatas de todo esto.

J. L. C.: —Por eso pienso que si el PP estuviera gobernando ahora en el País Vasco —con la ayuda de los socialistas— la situación sería peor, y un interlocutor necesario para resolver el tema, el PSOE, habría perdido toda capacidad de movimiento.

F. G.: —¿Quién sería el responsable de los atentados?, porque atentados seguiría habiendo y ya habría que buscar otro responsable, siguiendo la técnica del PP, dado que no aceptarían que fuera su Gobierno, supongo. En cuanto a los intelectuales, el problema de fondo es que en este país tenemos una carencia de actores que verdaderamente hagan ese papel. Los intelectuales sólo lo son cuando cumplen el servicio de mostrar a la gente de dónde venimos para que sepa adónde vamos. Y eso en este país no existe. Existen cronistas del día a día, sin perspectiva (hablo de los que van de buena fe; de los otros, ni me ocupo). La ausencia de un pensamiento intelectual crítico, en el sentido profundo y coherente del término, es la mayor fragilidad de esta etapa.

J. L. C.: —Pero la impostura de algunos se sustenta, en gran parte, sobre el partido socialista.

F. G.: —No se sustenta, se aprovecha de la fragilidad de algunos representantes socialistas. Lo que me aterra es el vacío de gente que tenga una perspectiva de Estado para la construcción de la democracia. Francisco Tomás y Valiente era de los pocos con que podíamos contar y no se lo perdonaron en los últimos años de su vida. Tampoco se lo perdonó ETA.

J. L. C.: —Esto de los intelectuales deberíamos hablarlo un poco más despacio porque no quiero ser...

F. G.: —¿No quieres ser qué? No quieres decir lo que piensas, te da miedo decir lo que piensas crudamente.

J. L. C.: —Sí, quiero decirlo y es muy fácil: no se puede seguir jugando a estas alturas a ser el Sartre o el Ortega y Gasset de nuestro tiempo. Son modelos del pasado, ya no nos valen. El pensamiento se ha vuelto cooperativo y se ha fragmentado. Los intelectuales rara vez coinciden con los líderes de opinión. La influencia social ya no es su dominio, sino el de los comunicadores de la televisión o la radio, igual que los cantautores sustituyen a los poetas. Los medios juegan un papel crucial en el debate cultural y político, pero imponen sus leyes: rapidez y oportunidad, frente a reflexión y perdurabilidad.

F. G.: —Sí, es uno de los síntomas de un cambio rápido y profundo, que sitúa lo «in-mediático» en primera línea, desplazando el papel de los intelectuales de plazo mayor y más sosegado, e incluso alterando la agenda política que se somete a lo «in-mediático», renunciando a la consistencia de proyectos de medio y largo plazo. Hablamos de los tiempos de los distintos actores: el de los empresarios, el de los políticos, el de los creadores culturales, y, deberíamos añadir, en la sociedad de la información, el de los informadores. Me preocupan dos problemas. Uno de fondo y general que se relaciona con lo que dices, porque el triunfo de esa inmediatez es de tal magnitud que la información no llega a crear opinión consistente. Cada información, incluso la muy dramática, tiende a ser abrasada por la siguiente en este mundo conectado en red, en tiempo real. Antes de fijar una opinión, el siguiente acontecimiento absorbe la atención y la desvía hacia otro lado. Los políticos siguen la estela y responden a lo que creen, o a lo que los técnicos de *marketing* les dicen que caerá bien a la opinión en cada momento. ¿Se achica el espacio para la tarea intelectual clásica y también para la política como proyecto, capaz de soportar los períodos en que hay que nadar contra corriente, sin dejarse arrastrar por lo que ya Azaña veía como lo más cambiante del mundo, la llamada opinión pública? Lo segundo que me preocupa, más allá de la tendencia a confundir la opinión pública con la publicada, es la situación de perversa colusión de intereses que estamos viviendo en nuestro país desde hace una década, entre batallones mediáticos al servicio de un grupo de poder partidario, ligados a representantes judiciales e intereses económicos. La alianza entre estos responsables de opinión, los reaccionarios en el poder y jueces que se dejan arrastrar, produce una perversión de la democracia y una regresión de las libertades.

J. L. C.: —Esa alianza espuria entre algunos columnistas y periodistas con los intereses de la reacción no tiene que ver con esto que digo, que es una característica propia de la nueva sociedad de la información. Lo otro sólo es corrupción pura, se la mire por donde se quiera. El empleo de la difamación y la injuria como arma política, al que ya nos tienen acostumbrados, se corresponde con el retorno del rencor que tú denunciabas, y que es la antesala del odio.

F. G.: —Algún día se verá con toda claridad que esta trama conspirativa que llevó al PP al poder se reflejó después en las operaciones de control financiero, económico y mediático, con una justicia manipulada, que nos sitúa en el momento más corrompido de la historia del país. No me refiero sólo a la voracidad de los enriquecimientos personales, sino a la pérdida de independencia de organismos como la Comisión Nacional del Mercado de Valores o el propio INE, por no hablar del resto.

J. L. C.: —Luego está el otro proceso, objetivo y mucho más trascendente, de la concentración de las empresas de medios. La industria cultural y de la información es de los sectores más globalizados, y de los que más rápidamente lo han hecho. La convergencia en ellos es absoluta, con lo que ya estamos en el reinado de la imagen y el entretenimiento, frente al de la idea y la actitud crítica. No podemos negar los peligros que para la democracia y la difusión del poder comporta un fenómeno así. Pero, al mismo tiempo, éste es un proceso imparable, por lo que resulta imposible competir si las empresas no adquieren volumen suficiente. Por lo mismo es preciso inventar nuevas fórmulas que permitan esquivar o aminorar esos riesgos, también nuevos.

IV | la globalización y la revolución tecnológica

EL ESTADO, LA SOBERANÍA Y LA PATRIA

Felipe González: —Quiero destacar lo que significa que nadie fuera capaz de prever la caída del Muro de Berlín, ni siquiera una semana antes. Tampoco hay acuerdo sobre las causas profundas de este hecho y de sus consecuencias para el comunismo, para la historia de Europa y del mundo. A mi juicio, la revolución tecnológica, y la mundialización que impulsa, están en la base del hundimiento de la Unión Soviética como un castillo de naipes.

Juan Luis Cebrián: —Pero la globalización es previa a la revolución tecnológica. El descubrimiento de América, los viajes de Marco Polo, las conquistas de Darío y Alejandro, respondían todas al deseo y la necesidad de ampliar el comercio y unificar el mundo. Carlomagno, Napoleón, Hitler, son también ejemplos de «globalizaciones», al menos a escala europea. Más modernamente McDonald's, Coca-Cola, Mickey Mouse o Armani juegan, también, su papel a la hora de imponer una cultura planetaria.

F. G.: —Es verdad, hubo ya una especie de conciencia global con el descubrimiento de América, pero la revolución informacional, la de la comunicación entre los seres humanos, produce una aceleración del proceso tan intensa y profunda que cambia el modo de producción, el sistema financiero, las funciones de la política, etcétera. La globalización del comercio, de las finanzas... se produce porque hay una revolución tecnológica en el terreno de la información. El crecimiento exponencial de la biotecnología, de la bioquímica, de la biogenética, tiene lugar porque es posible trabajar en red y multiplicar la eficacia gracias a una especie de competitividad cooperativa (una idea que trato de definir con precisión, después de haberla empleado en varias ocasiones, al observar las implicaciones del trabajo en red de los científicos). Por eso creo que el factor desencadenante de la aceleración del proceso es la revolución tecnológica. Lo que produjo un *gap*, una distancia no recuperable, entre la Unión Soviética y Estados Unidos, fue justamente que la primera volvió la espalda al cambio. Y ese abismo —que les creó una gran angustia— se puso de manifiesto de manera dramática en ocasión de la Guerra del Golfo. Pero bueno, no había ningún elemento que hiciera previsible la caída del Muro de Berlín, y la liquidación tan rápida de un sistema que llegó a controlar medio mundo.

J. L. C.: —Pocos meses antes del derrumbe del Muro tuve un encuentro con Narcís Serra, entonces ministro de Defensa, y me contó unas reuniones que había celebrado con su colega soviético. Éste predecía un plazo de diez años para la reunificación de Alemania. También me acuerdo ahora, vagamente, de un discurso de Kohl anunciando un calendario preciso y un plan de varios puntos a este respecto. Semanas después, el Muro cayó por sí mismo, por presión popular... sin responder a planes ni previsiones de ningún género.

F. G.: —Ninguno de los analistas expertos en países del Este, de los sovietólogos, previó el acontecimiento y, cuando sucedió, las reacciones fueron tan variadas como interesantes. Dentro de Alemania, estaban aquellos que veían pasar al galope el caballo de la historia y fueron capaces de comprender que había que montarlo a pelo. Kohl, Schmidt, Genscher y Willy Brandt pensaron: bueno, esto sucede una sola vez en la historia, ni siquiera lo hemos provocado, no somos los dueños del proceso, pero si pasa al galope el caballo, montémoslo, es la oportunidad y la responsabilidad que nos toca. Sin embargo, la reacción mayoritaria de los líderes, toda la generación de Schröder y Lafontaine, que controlaba ya entonces el SPD, estuvo en contra de precipitarse en lo que tocaba a la unificación. En el resto de los países europeos, estas cautelas fueron mayores. El holandés Lubbers tuvo que confrontarse con una historia dramática, la de su propia familia, víctima de la ocupación alemana, y el desencuentro con Kohl fue absoluto. Andreotti afirmó, con la gracia que le caracteriza, en la cumbre de Estrasburgo, en diciembre de 1989, que quería tanto a Alemania que prefería que hubiera dos. Nunca le perdonaron su posición de reticencia y resistencia. El propio Mitterrand trataba de retrasar el proceso lo más posible... y la que, definitivamente, se mostró más dura en su oposición fue Margaret Thatcher, que esgrimía sin empacho su carácter de dirigente de una potencia vencedora, con derecho a decidir. Bush —el padre del actual, claro— comprendió, en cambio, que el proceso era irreversible. De todas maneras, todavía hoy nadie ha hecho un análisis que permita comprender cómo se produce con tal estrépito la liquidación del poder imperial soviético. Y estoy seguro, vuelvo a repetir, de que el factor desencadenante es la revolución informacional y tecnológica. Gorbachov creyó que tenía que hacer un proceso de reforma, la *perestroika*, para intentar recuperar las distancias con Estados Unidos, y como la gerontocracia no le permitía avanzar en un camino que estimaban peligroso, acudió a una especie de alianza con la opinión pública, que era su política de *glásnost*.

J. L. C.: —La *perestroika* era la reconstrucción con cambio, una especie de apertura controlada. La *glásnost* intentó la transparencia informativa, permitió actitudes críticas y la creación de algo parecido a una opinión pública. Ambas cosas acabaron con él. No es la primera vez en la historia que los impulsores de la democracia son sus propias víctimas. Desde la Grecia de Pericles, existen numerosos ejemplos.

F. G.: —Esa transparencia informativa la necesitaba para vencer, mediante una alianza con los ciudadanos, las resistencias del aparato de poder, pero puso a la opinión pública rusa frente al espejo de una realidad catastrófica. La imagen aumentada del desastre se volvió contra quien les enfrentaba a esa realidad, sin una salida que mejorara sus condiciones de vida. El hundimiento de Gorbachov se debe a que cometió el «error» de explicarle a los soviéticos la verdad sobre su país. Era como reconocer que todo lo que les habían contado durante setenta años constituía una quimera, y el que así lo enseñaba se encontraba entre los responsables del engaño, sin solución alternativa. En fin, la velocidad de la caída del imperio soviético tiene mucho que ver con la profundidad y la velocidad del cambio tecnológico. Lo he hablado con frecuencia con Gorbachov.

J. L. C.: —Diez años después de aquellos hechos, el imperio soviético ha desaparecido, pero también se ha debilitado Japón y ha perdido fuerza, o consistencia, el proyecto de Europa. Curiosamente, la reunificación alemana ha producido una potenciación del poder central, unilateral, de EE UU.

F. G.: —Pero no porque EE UU se organice mejor para dominar ese mundo unipolar, sino por exclusión, porque el resto de los poderes regionales compensatorios se debilita. Antonio Garrigues me espetaba el año pasado, durante un almuerzo-debate: «no me discutirás que EE UU manda en la globalización», y yo le contesté: «no lo discuto, mi única duda es quién manda en EE UU».

J. L. C.: —A mí no me cabe ninguna duda de que globalización es igual a americanización.

F. G.: —No está muy claro lo que significa eso, porque hace una década se daba por perdida la capacidad de EE UU frente a un Japón imparable. Hoy nadie lo diría, ni reconocería haberlo creído así. De todas maneras, sigue siendo una preocupación sustancial saber quién manda en Washington. Si un presidente puede ser sometido a una crisis por un caso como el de Lewinsky, es evidente que el poder no está en la presidencia. Tampoco lo veo, a estos efectos, en el Congreso.

J. L. C.: —Cuando digo que EE UU manda en la globalización no señalo al poder representativo, sino a muchos otros: las empresas, las instituciones culturales... Pero nos hemos desviado del tema. Hablábamos de la revolución tecnológica y su impacto en la política, en la economía y en las finanzas. Todo ello ha puesto patas arriba el modelo clásico de desarrollo, y las instituciones políticas tradicionales no se bastan para hacer frente al fenómeno.

F. G.: —Nosotros tuvimos la fortuna, y un cierto riesgo, de empezar la transición a la democracia en un momento especial. Los síntomas de agotamiento de la economía industrial desarrollada se estaban produciendo desde la primera crisis del petróleo pero, al mismo tiempo, todavía había margen para hacer política social-demócrata en el sentido de construir un Estado del bienestar. Era un camino relativamente fácil si había voluntad de recorrerlo. Pero si la transición española se hubiera producido quince años después, hubiéramos estado ante un desafío como el polaco, el húngaro o el checo, que iniciaron su proceso democrático cuando los modelos clásicos de Estado del bienestar ya estaban cuestionados y había aparecido una nueva economía. En el actual sistema financiero, se globalizan los movimientos de capital, el comercio también, aunque éste no crece tan espectacularmente como lo hacen los flujos de capital. Y, desde luego, se globaliza la información como base de todo lo demás. Ese fenómeno está produciendo un impacto de magnitudes hasta ahora impensables sobre el Estado-nación como ámbito de realización de la soberanía, la identidad y la democracia, en definitiva: de la política.

J. L. C.: —El Estado-nación ya estaba en crisis. Lo único que hace la revolución tecnológica es acelerarla o ponerla más de manifiesto. Pero las fuerzas centrífugas del poder, las aspiraciones locales y las reclamaciones de las minorías habían minado, ya con anterioridad, el papel tradicional del Estado.

F. G.: —No, no estaba en crisis en el sentido en que lo está ahora. Antes de la década de los setenta, nadie cuestionaba su idoneidad. El Estado-nación es la fórmula de organización política de la sociedad industrial. Se corresponde con un modelo económico, que es el propio de esa etapa, y entra en crisis con el comienzo de la revolución informacional. Salvo en EE UU y, probablemente, en China, lo que se produce es una crisis estructural en cuanto a la dimensión del Estado. Éste se muestra in-

suficiente para afrontar los nuevos desafíos de la globalización, y es demasiado distante y complejo para responder a las necesidades inmediatas de los ciudadanos, por
eso descentraliza el poder, hacia fuera y hacia dentro de
sus fronteras.

J. L. C.: —Participo plenamente de ese análisis
aunque, si miramos a nuestro alrededor, podemos constatar la creación reciente de casi dos decenas de Estados-
nación nuevos en Europa, como corolario, o a consecuencia, de la caída del Muro de Berlín. Y están las
aspiraciones de otras regiones europeas, o sus ensoña-
ciones, de convertirse en Estados, aunque quizá sin el
poder tradicional, sin la soberanía clásica. En resumen,
hay ya una multiplicación de estaditos en el centro y este
de Europa. Es paradójico en un momento en el que
parece que es más débil o está menos justificada la institución.

F. G.: —Es una paradoja pero quizás no una contradicción. Podríamos tomar como ejemplo a Checoslovaquia: se fractura para unirse en una entidad superior.
Chequia y Eslovaquia dividen el territorio, los patrimo-
nios públicos, la moneda, los bancos centrales y la defensa —y lo tienen difícil con los hijos de los matrimonios
checoslovacos— pero la aspiración de checos y eslovacos
es integrarse en la UE plenamente, con una sola moneda, con una sola OTAN como sistema defensivo. No
quieren ser Estados-nación que gocen de plena soberanía de acuerdo con los parámetros clásicos, ni siquiera
los vascos nacionalistas creo que quieran eso...

J. L. C.: —Ése sería el sueño de Arzalluz.

F. G.: —... de Arzalluz y de la mayoría de los pequeños estaditos...

J. L. C.: —¿Qué de malo tiene ese sueño?

F. G.: —Yo no digo que tenga nada malo o bueno. Depende de para qué, para quién, con qué consecuencias...

J. L. C.: —Entonces, ¿por qué no seguimos ese camino para resolver el problema de Euskadi?

F. G.: —Los ensayos, con gaseosa, como decía Fraga. No existe ninguna hipótesis de realización pacífica de un experimento así, en los términos de soberanismo, ámbito territorial y autodeterminación que se plantean, de manera más o menos confusa.

J. L. C.: —En Chequia el proceso ha sido pacífico.

F. G.: —Porque están respondiendo a un modelo radicalmente distinto, en términos históricos, territoriales, etcétera. El caso checo es el único que excepcionalmente se produce mediante una ruptura no dolorosa, aunque no haya reportado ventaja alguna para nadie, y sus consecuencias no hayan hecho más que empezar. No nos sirve de ejemplo para el País Vasco desde ningún punto de vista. ¿Qué significa una Euskadi independiente en Europa? ¿Que se organiza un Estado de las tres provincias vascongadas, o de las tres provincias vascongadas más Navarra, o incluso más el País Vasco francés, o también hay que restar Álava o Vizcaya si no quieren? ¿Qué significaría eso en nuestra relación con Francia, que le transferimos directamente un problema que no han tenido, ni tienen? Integrar a un País Vasco independiente en la UE, con el apoyo de España y de Francia, incluidos los problemas que te digo, es una quimera —además de no servir para nada, salvo para dejar en manos de unos fanáticos asesinos el destino de los que quedaran en ese barco.

J. L. C.: —Pero entonces ¿por qué no bilateralizamos el problema vasco con Francia? ¿Por qué sigue siendo un problema exclusivamente español y no un problema hispanofrancés?

F. G.: — Porque Francia no lo tiene, reitero. Ni creo que lo vaya a tener, salvo que se produzcan acontecimientos extraños.

J. L. C.: —No lo tiene en la medida que nos lo han exportado. No digo que ellos sean responsables de la situación española, pero sí que una manera de no tener el problema en su casa ha sido mantener una posición ambigua en el conflicto.

F. G.: —Nada ambigua, de santuario durante mucho tiempo. Pero no han sido nunca ni el origen del problema, ni los responsables. Durante un tiempo, su consideración de España estaba condicionada por la dictadura.

J. L. C.: —Y conectaba con el apoyo a los refugiados de la guerra civil, aprovechaba el pretexto de la protección al exilio. Por eso no comprendo por qué si ETA ha querido sentar a Francia, repetidas veces, en la mesa de juego, nosotros no hemos aprovechado eso.

F. G.: —Es fácil de explicar: Francia no se siente concernida y, plantear algo así supondría una regresión en el proceso de construcción europea, probablemente irrecuperable. París no aceptaría nunca, y tendría toda la razón, que un Estado integrado dentro de la UE le transfiriera directamente un problema que no es suyo. Históricamente, Francia resolvió su diversidad mediante la revolución y el pacto republicano, que aceptaron también los vascos franceses. Hecho que en España nunca se produjo.

J. L. C.: —Siempre volvemos al mismo rondó, Francia es un Estado-nación que surge de un pacto republicano, mientras que España es un Estado-nación que nace de un ejercicio despótico del poder.

F. G.: —Eso es. Incluso cuando este despotismo era ilustrado. No es imaginable que vaya a haber en Europa un acuerdo que permita un País Vasco independiente. Y ¿por qué no Cataluña, en ese caso?; ¿por qué no la Cataluña francesa, la Bretaña, la Padania? Éste es un camino absolutamente imposible de ensayar.

J. L. C.: —De todas maneras el Estado-nación sigue en crisis hasta para reconocer su propia crisis. Es, desde luego, impensable, al menos a corto plazo, un proceso en el que Córcega, Bretaña, las Baleares, Sicilia, Padania, etcétera, se independicen. Es impensable, digo, aunque más pensable hoy que hace treinta años, o hace veinticinco. Al mismo tiempo, para dificultar todo lo que se parezca a eso, estamos fortaleciendo artificialmente los Estados tradicionales, en pleno agotamiento de su fórmula. En una palabra, el Estado-nación de antes sirve, sobre todo, para impedir que se engendren otros de nuevo cuño.

F. G.: —No, no, no, el Estado-nación se está debilitando consistente y permanentemente, pero con reacciones nacionalistas que tienen cierta rentabilidad.

J. L. C.: —De todas maneras, manejamos cantidades que no son homogéneas. Francia es un Estado centralizado desde Napoleón, España está unificada desde hace quinientos años, mientras que Alemania, Italia, todo lo que ha sido Centroeuropa, realmente ha estado en convulsión continua hasta anteayer. ¿Por qué es tan impensable un cambio sustancial en las fronteras, si ya se está produciendo no lejos de aquí?

F. G.: —Por favor, no, no... Te equivocas. Cuando yo digo que es impensable, quiero decir que no es previsible en el horizonte en el que uno puede hacer cálculos políticos. Si lo que se me pide es una declaración de mis convicciones históricas, la forma en que conocemos el Estado desde el siglo XIX, la forma moderna en que se organiza de acuerdo con las exigencias de la nueva economía de entonces, de un nuevo sistema productivo conocido como industrialización...

J. L. C.: —... va a desaparecer...

F. G.: —Ya te digo que va a desaparecer como desapareció la forma anterior de organización política.

J. L. C.: —La cuestión es qué debemos construir como alternativa, cuál es el futuro de la organización política y administrativa de la democracia.

F. G.: —El problema está en qué capacidad tenemos de anticipar ese futuro, para encontrar nuevos paradigmas, nuevas respuestas que hagan menos angustiosa la dinámica del cambio. Éste es nuestro desafío. Por eso, cuando uno habla de semejante crisis se producen escalofríos en los países emergentes, que no han llegado todavía a tener la solidez de los Estados centrales a los que tratan de imitar. En México, que es una nación con fuerte identidad, por ejemplo, no están dispuestos a discutir eso, pero tampoco en Costa Rica, Lituania o Eslovenia.

J. L. C.: —No es cuestión de tamaño. Sucede lo mismo en Argentina que en Uruguay.

F. G.: —Muchos de esos países no han madurado su experiencia como Estados-nación, porque el proceso de industrialización se ha retrasado y la democratización no ha creado instituciones sólidas. En España, nuestro Estado-nación es maduro por antiguo, aunque desde el punto de vista democrático no se puede decir lo mismo.

J. L. C.: —El piélago de idiomas y la diversidad de culturas, de lo que antes hablábamos, tienen mucho que ver con todo el proceso. Antes de la existencia del Estado moderno, de alguna forma, las patrias, las naciones, eran las lenguas.

F. G.: —«Soy de nación sevillano» que diría Cervantes. Pero no es lineal. Si ves la evolución del continente americano en su lucha por la independencia, México, América Central y el Sur estaban ligados por un mismo idioma, mientras que el Norte era lingüísticamente plural. Sin embargo, los hechos y las decisiones políticas llevaron a la constitución de EE UU, mientras el sur incurría en la dispersión, frente al sueño bolivariano.

J. L. C.: —De todas formas, el concepto de nación como patria es relativamente tardío, y en principio mucho tenía que ver con la cultura: la lengua, la religión, eran identidades culturales, que luego devenían en políticas. La discusión sobre si Colón era genovés, balear, o lo que fuera, carece en gran parte de sentido para la sensibilidad de su tiempo. Colón era un ciudadano europeo que circulaba con toda libertad, podía haber nacido en Génova, vivir luego en Lisboa, mudarse a Sevilla o Córdoba... en su época la identidad no la garantizaba la autoridad competente mediante la expedición de un carné, se funcionaba sin pasaporte, no había que atravesar fronteras con barreras y aduaneros. Las lenguas y el vasallaje definían, mucho más que cualquier otra cosa, a las patrias.

F. G.: —Españoles eran aquellos que hablaban la lengua de Hispania, que da origen a la denominación del castellano como español.

J. L. C.: —Por eso, aunque nos cueste reconocerlo, en la definición de la identidad europea, cara a la ampliación de la UE, la homogeneidad cultural de alemanes, checos, parte de polacos, austriacos, incluso suizos, es algo que cuenta. En lo que se refiere a España, nuestros lazos comunitarios, de identidad, son más fuertes con América Latina, al margen de los intereses políticos o económicos, tenemos una mirada atlántica, bastante alejada de esa identidad europea, que proclamamos. Y existe, también, otra mirada mediterránea, fundamental en nuestra historia y en la de media Europa, independientemente de que ahora no se esté potenciando. ¿No disgrega eso el esfuerzo unitario europeo al mismo tiempo que se disuelve el Estado-nación? Los procesos de identidad cultural y lingüísticos son un obstáculo bastante más serio de lo que queremos reconocer para la consolidación de la UE. Cuando hablamos de que hay dos Europas, la occidental y la central o del este, yo pienso, como Luigi Barzini, que en realidad la línea divisoria del continente es, de nuevo, la que separa el norte del sur. Está la Europa septentrional, la de la mantequilla y la cerveza, y la meridional o mediterránea, basada en el vino y el aceite de oliva, y con lazos históricos profundos con el norte de África.

F. G.: —Hay una parte de verdad en eso, y otra que es una elucubración no consistente. También cuentan, y creo que con más peso, las líneas divisorias étnico-religiosas. Mira a los Balcanes, y percibirás al Oriente Próximo en las zonas musulmanas. Los problemas de identidad no son racionales. En el centenario de la Sociedad General de Autores, comenté públicamente este componente no racional de la identidad. «Si hablo con un alemán, sé que estoy hablando con un alemán, y somos diferentes. Si los dos, el alemán y yo, hablamos con un japonés, sé que dos europeos estamos hablando con un oriental, y sentimos la identidad europea, frente al otro, al que vemos diferente. Pero si el alemán y yo hablamos con un colombiano, o con un mexicano, mi identidad pasa a ser inmediatamente hispana y no europea porque, sin pensar en ello, me siento más próximo del latinoamericano que del alemán». Hay una parte de ficción en mi identidad europea, si la coloco sobre mi identidad iberoamericana, que es más fuerte, aunque mis intereses pueden no ser más importantes. Eso no es ningún obstáculo dentro de la globalización, antes bien, significa un enriquecimiento añadido. La diversidad lingüística es sólo un obstáculo en la eficiencia del funcionamiento de Europa, pero sería una catástrofe si tratáramos de desconocer una realidad como ésa.

J. L. C.: —Identidades aparte, la crisis de los Estados desvirtúa también la definición de las residencias del poder. ¿Dónde está? ¿Quién lo tiene? ¿Sobre quién se ejerce? ¿Son los gobiernos nacionales, las empresas, las iglesias o sectas religiosas?

F. G.: —Esa pregunta se podía haber hecho perfectamente en tiempos de Carlos V o Felipe II, por no remontarme a Roma.

J. L. C.: —Entonces el poder lo tenían el emperador y el virrey, el poder lo tenían los ejércitos y la Iglesia. Era un poder flexible, según las circunstancias, y en lo que se refiere al Imperio, distante, lejano, tardío en la toma de decisiones...

F. G.: —Eso, un poder de una gran flexibilidad, con caciques locales, príncipes locales, socios locales, como los quieras llamar. La posesión del territorio era un factor fundamental de dominio, cosa que ya hoy no se produce...

J. L. C.: —Ahora hay una crisis del poder tradicional, una traslación de los centros de decisión de las instituciones políticas a las grandes multinacionales.

F. G.: —Eso era claro hace ya treinta años. La crisis de poder es la de la representatividad política. Hay que repartir poder hacia abajo. Tenemos que aceptar que la democracia sea local, relevante para la vida de los ciudadanos, y tener, al mismo tiempo, un poder global. Ésa es la organización deseable para Europa. El poder del Estado-nación será cada vez más un poder de coordinación, hacia abajo y hacia arriba.

J. L. C.: —Eso está muy bien, yo lo apoyo, pero naturalmente hay una resistencia profunda de las burocracias y de los sistemas del Estado-nación, que se niegan a que tal cosa suceda, tienen reflejos condicionados, y tratan de impedir el proceso. Un ejemplo: las telecomunicaciones. Decimos que la nueva economía y la nueva civilización tienen mucho que ver con ellas, ¿por qué entonces no creamos una autoridad común europea, como la comisión federal americana, para las telecomunicaciones? Hemos sido capaces de poner en pie la moneda común, el euro, y no lo somos, sin embargo, a la hora de organizar las tecnologías avanzadas en el plano europeo, pese a que todo el mundo dice que el futuro está directamente relacionado con ellas.

F. G.: —Eso digo yo. Seguro que en el nuevo reparto de competencias esto será mucho más relevante que las que se refieren a agricultura y pesca.

J. L. C.: —No es que exija responsabilidades, pero tú has gobernado un estado de la UE durante casi catorce años, y tampoco has hecho mucho en ese sentido, pese a que es un clamor de los usuarios, de la industria, porque es algo de sentido común. Lo mismo vale para la energía. ¡Hay que ver el maremágnum europeo en el sector! ¿Qué sentido tiene que nosotros no tengamos energía nuclear y la tenga Francia? ¿Y a qué criterios obedecen las trabas fronterizas que se están poniendo a las inversiones de unos países en otros?

F. G.: —A ninguno. Pero en relación con el tema europeo me cuesta aceptar el reproche. Ya te he dicho que viví la década de la galopada europea, y ayudé seriamente a que se produjera.

J. L. C.: —Pero hay una resistencia, incluso violenta...

F. G.: —... la resistencia que provoca la necesidad de mantener el chiringuito.

J. L. C.: —¡Qué cosa más notable! En medio de la revolución digital, en la que no existen fronteras para el flujo de capitales ni de informaciones, en casi todos los Estados del mundo existen fortísimas limitaciones a la inversión extranjera, precisamente, en medios de comunicación. A la CNN no se le permitiría tener más del 25 por ciento de una licencia de televisión en España. ¿No te parece risible? ¿Es menos global el poder de la CNN, por eso? Todo esto constituye un contrasentido absoluto, y es también un reflejo de las defensas atávicas del Estado-nación... Porque, al final, la realidad desborda esos límites y se provocan concentraciones peores que las que quieren evitarse.

F. G.: —Es peor. Es la consecuencia de una clase dirigente que no vive en tiempo real el cambio civilizatorio en curso y que no quiere enterarse de lo que significa el impacto de la revolución tecnológica y la globalización sobre la realidad en la que operan. Es la renuncia a la principal función del liderazgo político, que constituye en anticipar lo que ocurre para darle a la gente la seguridad de que tiene un horizonte despejado. Por eso están sorprendidos por los movimientos antiglobalización, perfectamente previsibles hace más de un lustro.

J. L. C.: —Uno de los objetivos del Estado moderno, tal y como lo hemos conocido, era construir la sociedad del bienestar, pero en la medida en que se debilite aquél, se debilitará también su capacidad de generar esta última.

F. G.: —Depende...

J. L. C.: —¿De qué pende?, como dicen los castizos.

F. G.: —De la organización que lo sustituya y de la capacidad para comprender un cambio que exige nuevos paradigmas. Estoy hablando de dos transformaciones fundamentales. Una es estructural y, la otra, funcional. El cambio estructural significa descentralización hacia fuera y hacia dentro: por una parte, la Unión Europea, por la otra, el Estado de las autonomías. ¿En qué consiste, dentro de esa nueva situación, el papel del Estado-nación tal como lo conocemos? En algo insustituible: la coordinación entre esos nuevos centros de poder y la capacidad de tomar decisiones ejecutivas. Los Estados no pueden ser sustituidos por la participación de las regiones en el proceso de toma de decisiones ejecutivas, de otro modo el proceso se bloquearía. El problema es que, en la Europa ampliada, la posición de Estonia pesará más que la de Baviera, y eso será difícil de encajar.

J. L. C.: —Los Estados no serán sustituidos, pero sí compensados en cierta medida, o complementados, desde luego.

F. G.: —¡Perdóname! He dicho, con toda precisión, en el proceso de toma de decisiones ejecutivas. Si fueran sustituidos los Estados por unidades descentralizadas internas, la resultante de la Europa de veinticinco sería...

J. L. C.: —Ciento veinticinco...

F. G.: —... o doscientas treinta unidades descentralizadas, participando en un proceso de toma de decisiones.

J. L. C.: —Parece el retorno de las tribus.

F. G.: —Resultaría imposible. Un Ejecutivo así no estaría capacitado para coordinarse en tiempo real —ni siquiera ahora lo está— a fin de tomar decisiones. Entonces, ¿cuál es la función más clara, desde el punto de vista de la distribución territorial del poder, del Estado-nación? Por el momento, es el único ámbito de representación y coordinación al que estamos habituados, por la historia, por la identidad. Es el único que pesa en el subconsciente colectivo como poder político real, aunque no tenga las competencias decisivas que lo definen.

J. L. C.: —Eso lo entiende todo el mundo.

F. G.: —Es un ámbito de coordinación estructural de las competencias de acuerdo con principios de subsidiariedad, identidad y cohesión. ¿Es pura subsidiariedad? No, y reconocerlo sólo así sería practicar un culto a la razón que nos puede llevar al desastre. Es también identidad comprender que para los ingleses Westminster significa más que para los españoles la carrera de San Jerónimo. ¿Los Borbones forman parte de la identidad de un español? Desde luego, más que la república. Nunca la identidad española ha sido republicana, ha sido antimonárquica en todo caso, pero republicana, no. Y es, por último, cohesión. Cada conjunto de poder resultante tiene que mantener, dentro de la diversidad, elementos de cohesión, algo que se parece a la solidaridad, el Estado del bienestar o como se quiera llamar. No estoy haciendo definiciones apriorísticas ni congeladas en el tiempo. Como se está olvidando esto, estamos viviendo la paradoja de que el rechazo de los movimientos antiglobalización se dirige lo mismo contra la Unión Europea que contra el Fondo Monetario.

J. L. C.: —En todo este relato, que me parece muy brillante, me lo parece de verdad, ha desaparecido la palabra «soberanía», por la que se hacen las guerras y mueren las gentes.

F. G.: —¿No se hacían más por un sentimiento identitario, de cualquier tipo, aunque durante una época coincidiera con el de soberanía nacional? La soberanía, como moneda acuñada en los límites de la nación, con la cara de un señor que parece decir «éste es el territorio sobre el que meo», como el gato, y para definir ese territorio no sólo hace circular una moneda, sino que pone una frontera con un aduanero que no le permite pasar al extraño —extranjero— o salir al nacional...

J. L. C.: —... y unas Fuerzas Armadas que defienden esa frontera territorial.

F. G.: —Todo se corresponde, estrictamente, con un determinado modelo de organización política —recuperemos a Carlos Marx— derivado, de alguna manera, de las exigencias del sistema de producción que genera la sociedad industrial.

J. L. C.: —Yo me siento bastante contrario a la exaltación del concepto de soberanía.

F. G.: —Yo no, me parece un asunto serio, debo ser un nacionalista de mierda... (*risas*)

J. L. C.: —Disfrutamos con toda clase de manifestaciones al respecto: desde que la soberanía reside en el pueblo, que es, digamos, la base teórica de la democracia representativa, a toda la retahíla de Estados soberanos, etcétera. Pero el Estado ha perdido poder sobre sus propias decisiones y, en muchos aspectos, no ha sido sustituido por instituciones supranacionales. Al mismo tiempo, la globalización está generando formas de soberanía incontrolada, sea la de las multinacionales, sea la de cualquier otro tipo de instancia que no tiene que ver con la democracia. O sea que, en nuestros días, en muchos aspectos la soberanía ya no reside en el pueblo.

F. G.: —Te equivocas, en democracia sigue haciéndolo, pero lo que el pueblo soberanamente decide no es lo más relevante para su destino cuando ejerce su derecho al voto...

J. L. C.: —Pues si esa soberanía no sirve para las cosas más importantes que afectan a ese pueblo, no resuelve su felicidad, ni enfrenta su destino, si las grandes decisiones que afectan a sus vidas están siendo tomadas por instancias no representativas, fuera del ámbito tradicional del ejercicio de la soberanía, ¡vaya consuelo tengo al saber que el pueblo es soberano!

F. G.: —Un Estado-nación puede perder soberanía de dos maneras. Para compartirla, que no es perderla, en realidad, sino ejercerla de manera diferente, o porque la estructura del poder está cambiando y el poder político no responde a las nuevas necesidades. En realidad, están surgiendo nuevos actores en esta civilización de la red, que aún no han sido reconocidos ni han asumido su papel.

J. L. C.: —Tomemos como ejemplo la existencia del Banco Central Europeo, que supone una pérdida de soberanía de los gobiernos de los países. Los economistas liberales dicen que las autoridades monetarias tienen que ser autónomas del poder político; sin embargo, esto en EE UU no es exactamente así.

F. G.: —En ningún lado es así. Pero es un buen ejemplo de lo que llamo compartir soberanía, si se hace bien.

J. L. C.: —En Europa, aun si el Banco Central no es autónomo del poder político, se comporta como si lo fuera, porque lo que no se sabe es dónde está ese poder político europeo. ¿Con quién habla Düisenberg para tomar las decisiones sobre los tipos de interés, que acaban afectando a las hipotecas, a la economía doméstica de millones de ciudadanos? ¿Qué poder político hay en Europa?

F. G.: —Ninguno, en el sentido clásico. Y no se está siendo coherente con esa transferencia de soberanía. El proceso de la década 85-95 está frenado, abriendo brechas importantes en el modelo que se puso en marcha.

J. L. C.: —Entonces, ¿por qué nos sorprendemos de la debilidad del euro?

F. G.: —No sólo no me sorprendo sino que la explico justamente como el resultado de una crisis de funcionamiento estructural: política monetaria única, sin política económica de referencia. Ahora sucede que, en momentos de turbación económica mundial, el dólar es refugio, y en momentos de crecimiento, el dólar es también refugio. Si EE UU va mejor que Europa, el dólar es más fuerte, pero también lo es cuando el crecimiento europeo es mayor relativamente. La política monetaria americana funciona con una Reserva Federal y un Gobierno federal que tiene un presupuesto de más del 20 por ciento del PIB del país, y hace una política económica de acompañamiento a la monetaria, y a la inversa. El Banco Central Europeo no puede funcionar así en las actuales circunstancias, porque las situaciones relativas de los Estados miembros no le permiten una política de tipos coherente con todos.

J. L. C.: —Esto tiene que ver con la cuestión anterior acerca de dónde reside el poder, quién toma las decisiones que afectan a los ciudadanos y, en definitiva, para qué eligen éstos a sus representantes.

F. G.: —Pero no es una consecuencia que se deriva necesariamente de la globalización, si lo fuera estaría afectando por igual a EE UU que a Europa, y no es así. EE UU es una democracia local con un gobierno global, y ésa es la estructura más flexible y mejor imaginable para enfrentarse a los desafíos del momento. El modelo supone, entre otras cosas, que su Reserva Federal responde a necesidades, no sólo de estabilidad de precios, sino de una política económica representada por el gobierno federal, capaz de actuar contra el ciclo económico.

J. L. C.: —Vuelvo a mi ejemplo. El señor Greenspan habla con el señor Bush y se ponen de acuerdo, ¿con quién habla el señor Düisenberg?

F. G.: —Con nadie, y con todos, con el Ecofin, con el Grupo de los Once, no sabe con quién hablar para coordinar las políticas. En ese aspecto, Europa sufre las consecuencias de la falta de respuesta en su estructura política al desafío de la globalización. Pero EE UU y Europa padecen efectos comunes, como el desplazamiento de los poderes del ámbito político representativo a las empresas. Ya no es la multinacionalización de éstas, comprando mercado fuera de sus países. Ahora son verdaderas transnacionales, cuya identidad se diluye cada vez más, articulando sus centros de producción sin criterios nacionales. La información, las finanzas y la economía escapan rápidamente del ámbito del Estado que, en la visión de Marx, era la estructura jurídico-política adecuada para el desarrollo del capitalismo industrial. Y tenía razón, al menos en esa perspectiva. Pero la estructura industrial hoy es irrelevante; las toneladas de acero no definen el grado de desarrollo de un país sino más bien el de subdesarrollo, o su carácter de país emergente, agente de las actividades industriales clásicas que abandonan los países llamados centrales.

J. L. C.: —Me pregunto cuál es la función de la política en un mundo como el que describes. La política tiene hoy mala prensa y los políticos un problema de imagen. Si el poder se desplaza hacia otros sectores y vuestra funcionalidad desaparece, empeora la situación.

F. G.: —Esa función de la política puede estar cambiando sin que sus protagonistas, o la gente, tengan conciencia de la necesidad de adaptarse al cambio. Hay una obligación de responder a los derechos reconocidos en las democracias representativas como derechos de ciudadanía —educación o asistencia sanitaria, por ejemplo— y esa obligación corresponde al poder público. Se puede discutir cómo se hace efectivo su cumplimiento, si directa, o indirectamente, a través del sector privado.

J. L. C.: —Es el poder público quien tiene que garantizar que el derecho existe. El poder público representativo tiene la obligación de responder del cumplimiento de derechos que reconoce como universales.

F. G.: —Sí, pero ¿cuál es la gestión más eficiente y más barata para la prestación del servicio? ¿La pública o la privada? Por reducción, la principal función de la política es la generación de capital humano para que la sociedad pueda desarrollarse, mantener un buen grado de cohesión, incluso ser atractiva para la inversión. Esto es: salud y educación, más entrenamiento en la adaptación a los rápidos cambios que vivimos. He ahí la función básica de la política.

J. L. C.: —Bien dices que por reducción; a mi juicio es un concepto de la política estrictamente reduccionista, en el peor sentido de la palabra.

F. G.: —Pero fantásticamente adecuado a la realidad, si al tiempo es capaz de garantizar seguridad para el ejercicio de las libertades. No estoy seguro de que eso sea reduccionista. Además los servicios públicos de telecomunicaciones, comunicaciones, energía y agua, aun gestionados de forma privada, como es la tendencia actual, tienen que ser regulados para que no haya desigualdades lacerantes en el territorio.

J. L. C.: —Es que el Estado tampoco garantiza ya la seguridad en el sentido tradicional. Todo lo más, se encarga de una especie de seguridad doméstica, por así decirlo, y lo hace muy poco eficientemente.

F. G.: —Si garantiza la seguridad interna y mejora el capital humano, en términos de salud y educación, está cumpliendo su función nuclear. De todas formas no es lo único que tiene que hacer. Si los servicios a los que me he referido sólo se guían por la optimización del beneficio —no digo que no lo tengan— será imposible la existencia de una igualdad de oportunidades. Si la optimización del beneficio fuera la única regla de conducta para el funcionamiento de esas empresas, asistiríamos a un proceso de desagregación social y de ingobernabilidad. Como la gente no soporta una situación donde no haya comunicaciones, telecomunicaciones o energía, abandonará el territorio para ir en su busca. Ya está sucediendo, y abordar ese problema es también una responsabilidad política, no sólo a nivel del Estado-nación, sino en los conjuntos regionales supranacionales. Las vías de comunicación, las telecomunicaciones, la energía y el agua son los cuatro factores que definen el futuro del Mercosur, por ejemplo, y nada de eso lo puede resolver aisladamente cada país del área. Desgraciadamente, la crisis actual está poniendo en peligro el proyecto mismo de integración.

J. L. C.: —Porque no siempre pasa así, como tú dices. En España, el Plan Hidrológico Nacional, sea bueno o malo, está diseñado, según dice el Gobierno y confirman sectores del partido socialista, como un proyecto de vertebración del país, de cohesión territorial española, sin tener en cuenta la visión europea o global.

F. G.: —Ése era nuestro plan, mejor o peor concebido, era un proyecto nacional integrador, al que se opuso con ferocidad demagógica el PP en la oposición.

J. L. C.: —Da lo mismo si era vuestro, el PP dice que es el suyo, y en realidad yo no quiero discutir sobre él, no lo conozco bien. Lo que pienso es que sería más razonable, a estas alturas, plantearlo como un proyecto de vertebración de Europa, de cohesión de Europa. ¿Por qué no transferimos agua del Ródano, si es una solución más barata que otras? ¿Tememos que eso nos haga dependientes de Francia? ¿Y qué? ¿No somos dependientes en tantas otras cosas? La construcción de Europa precisa un cambio de mentalidad profundo que choca con nuestros demonios familiares.

F. G.: —A mí esa reacción hipernacionalista me parece ridícula. Pero sí importa calificar el proyecto, aunque ahora no entremos en él, porque define la irresponsabilidad del PP en un aspecto importante. Ahora se limitan a sacar agua del Ebro, nada más.

J. L. C.: —Portugal, por ejemplo, no puede hacer un plan hidrológico sin España, porque todas sus cuencas nacen aquí. Por lo tanto, tampoco el Estado-nación portugués, él solo, puede garantizarle a sus ciudadanos acceso a un recurso como el agua, sin acudir a una institución supranacional.

F. G.: —También es ridículo combatir la fiebre aftosa poniendo alfombrillas en las fronteras y en los aeropuertos. No hay alfombras para las gaviotas, ni para los patos, los ánsares u otras aves migratorias, que, por cierto, son las que más están en contacto físico con los animales enfermos. La ordenación del territorio debe hacerse a nivel europeo, pero por el momento no es posible. Uno de los elementos que ha utilizado Haider para sustentar su política xenófoba y nacionalista antieuropea es que iba a haber trasvases de agua de Austria a España, de la Europa húmeda a la seca. Por eso, es paradójico que, cuando se plantea por la Generalitat traer agua del Ródano, la reacción nacionalista excluyente se produzca por parte de Madrid. Lo único razonable es ponerse de acuerdo con Portugal en la ordenación de las cuencas hidrográficas internas y con Francia en los excedentes de agua. Claro que, hablando de estas cosas, también los tecnólogos tendrían que explicar por qué la humanidad tiene escasez de agua, cuando vivimos en un continente cuyas cuatro quintas partes están compuestas, precisamente, del líquido elemento.

J. L. C.: —Sea como sea, misiones tradicionales del Estado en lo que se refiere a distribución de energía, agua, telecomunicaciones, y al mantenimiento de vías de comunicación aéreas o marítimas, exceden hoy las capacidades del Estado nacional. Una huelga de controladores de Francia paraliza el tráfico europeo.

F. G.: —Porque no se coordinan los Estados. Es absolutamente ridículo que el tráfico aéreo sea, en la Europa actual, una competencia nacional, lo cual no quiere decir que no dependa la responsabilidad regulatoria de quien la tiene. La cumbre de Niza debió poner solución a todo esto pero fue un fracaso, reconocido después.

J. L. C.: —Fue un paso atrás, más que un fracaso. No se consiguió lo que se pretendía e incluso hubo un retroceso, aunque la prensa no lo reflejara así. Pero parece que éste es un efecto que habéis generado también los impulsores de Europa: si los periódicos o los otros medios dicen que Europa está en crisis, Europa se pone en crisis. Es lo mismo que con la economía. Por eso lo correcto era decir que salió bien.

F. G.: —Como los políticos parecemos cada vez menos consistentes y mandamos menos en la agenda, quien manda es lo mediático. Y lo inmediático. Ése es un fenómeno que se retroalimenta. En todo caso, la estructura de Europa y sus funciones tienen que ser definidas, en una parte sustancial, no porque se haya caído el Muro de Berlín, sino por las razones por las que se ha caído, es decir, por un salto tecnológico cuyo impacto sobre la estructura política puede hacernos perder el tren de la historia. Hay que responder a ese desafío de la globalización con un nuevo reparto del poder y una concepción adecuada de las funciones de la política en relación con el fenómeno de la globalización.

J. L. C.: —Si el Estado-nación se hizo en torno a lo que se viene llamando el pacto republicano, pienso que se necesita un nuevo pacto a escala continental. Cuando hablas de la ciudadanía europea, o de la carta de los ciudadanos de Europa, a mí me parece una fuga, o una perífrasis, respecto a lo que efectivamente se está necesitando, que es una constitución europea.

F. G.: —Eso es una petición de principios.

J. L. C.: —No lo creo. Necesitamos una constitución, un pacto republicano en torno a la soberanía europea, ya que nos sigue gustando ese vocablo, en el que se delimiten derechos y deberes de los ciudadanos de Europa y se establezca dónde residen el poder y las formas de controlarlo. Como no se está pensando en una constitución europea, seguimos a base de tratados interestatales.

F. G.: —Esa constitución no se va a hacer, en el sentido que al concepto le da la doctrina clásica, porque, aunque es una necesidad que se puede racionalizar, no tiene en cuenta los elementos no racionales que la harán

EL FUTURO NO ES LO QUE ERA

imposible. No veo en el horizonte la convocatoria de una asamblea constituyente de veinticinco Estados europeos.

J. L. C.: —No se va a dar porque nadie se pone a la tarea.

F. G.: —Como no va a haber un proceso constituyente europeo en el sentido tradicional, la única manera de resolver el problema, para un pragmático como yo, es la recuperación de un liderazgo que dé los pasos necesarios para que haya un proceso constitutivo de una nueva estructura y unas nuevas funciones de Europa, aun sin esa asamblea constituyente. Como no será constituyente, en la percepción doctrinal del término, por eso lo llamo constitutivo, y en éste hay que superar los elementos de crisis que hemos analizado. Por ejemplo: incoherencia entre política monetaria y política económica, entre responsabilidad central o centralizada, bruselense y periférica, en política comercial y exterior y en política de seguridad y libertad. ¿Cómo hacerlo de manera que aquellos europeístas que creen que el acervo comunitario —el famoso *aquis communautaire*— es intocable, no se pongan nerviosos, no piensen que nadie viene a traicionarlos para revisarlo? ¿Cómo, para que los antieuropeístas no aprovechen la revisión, liquidando los elementos de cohesión, a fin de reducirnos a la zona de libre cambio que cuestionan los antiglobalizadores? Ese acervo no es soportable ni desde el punto de vista reglamentario, ni desde el de las competencias de la Comisión en algunas materias, que eran importantes hace cincuenta años, pero que no son relevantes hoy, en plena globalización. Por ejemplo, las que se atribuían a Bruselas para garantizar que Europa no pasaría hambre, porque produciría la alimentación suficiente; algo normal después de la segunda gran guerra y de las experiencias migrato-

202

rias europeas. Hoy tendría más lógica, sin embargo, que fueran de competencia central la ordenación del territorio, las telecomunicaciones, o la lucha contra la criminalidad organizada.

J. L. C.: —O la política energética. Pero eso no lo van a propiciar los Estados porque el único reducto de soberanía que les queda son los antiguos monopolios, protegidos por culpa de los reflejos casi condicionados de las burocracias. Ahí es donde afirman su poder.

F. G.: —Como en todas partes cuecen habas, imagínate qué consistencia puede seguir teniendo que Estados Unidos mantenga una diferenciación entre la telefonía de larga distancia y las llamadas locales. Es larga distancia hablar con la República Dominicana desde Miami, y no lo es llamar desde Miami a Los Ángeles.

J. L. C.: —La diferencia es que para que cambie eso, yo sé que tengo que hablar con el responsable de la Comisión Federal de Comunicaciones, nombrado por el Gobierno federal. Le convenceré o no, pero sé adónde dirigirme. ¿Dónde está el interlocutor en Europa? Hay uno por cada país.

F. G.: —La respuesta a tu inquietud es que las autoridades del Estado-nación, en una situación como la que estamos viviendo, tienen la tentación de manifestar su poder sólo interfiriendo, no resolviendo problemas. Por eso, el proceso europeo es cada vez más intergubernamental, y la Comisión pierde peso.

J. L. C.: —Es terrible, ¿no?

F. G.: —Totalmente. Durante un viaje con Vicente Fox a California, comenté el significado de lo que quiero decir sobre la política y su importancia. Entrar en un territorio que era México hace ciento cincuenta años, y ver lo que hoy es California o Texas, indica claramente la diferencia, en un plazo de tiempo largo, entre una buena organización institucional de la política y otra deficiente. El poder político es verdaderamente relevante cuando se proyecta en términos históricos. Y, en un momento como éste, sólo puede ayudar a cambiar el destino histórico de un pueblo si produce el mínimo de interferencias en el día a día, orientando las pautas de futuro. A lo que se dedica ahora es justamente a producir esas interferencias. Por eso, el poder, tal como se está ejerciendo, tiene mucha más capacidad de alterar las posibilidades de desarrollo, de crear confusión, que de resolver problemas de fondo. El sometimiento a lo inmediático agrava la situación y dificulta la salida.

J. L. C.: —¡Hay tantos ejemplos! Hoy nosotros protestamos porque en China o en Irán estén prohibidas las antenas parabólicas, pero en Occidente ha habido toda clase de intentos de regulación, por razones estéticas y medioambientales, para tratar de impedirlas, muchos países han frenado su instalación, y eso ha dificultado el desarrollo de tecnologías avanzadas. Es como si se hubieran evitado las farolas del alumbrado público porque destruían el medio ambiente. Cuando el poder político empieza a ejercer atribuciones que limitan el desarrollo tecnológico, lo único que puede hacer es dificultarlo, pero no pararlo.

F. G.: —Pararlo no, pero lo retrasa, y lo decisivo hoy no es si se va a llegar o no, sino si se va a llegar a tiempo. Antes de que otro llegue y ocupe el territorio.

J. L. C.: —Tus gobiernos son responsables de no pocos de esos retrasos, por ejemplo de la falta de desarrollo del cable en España.

F. G.: —Pero con una diferencia: que cuando nosotros gobernábamos era bastante explicable, dada la velocidad del proceso, que tuviéramos una percepción menor de lo que significaba el cambio tecnológico. Incluso Japón erró.

J. L. C.: —En la lectura de las memorias de Azaña, una de las cosas que más me llamaron la atención fue lo preocupado que andaba por Telefónica, hace setenta años. Era el monopolio de las telecomunicaciones y estaba, entonces, en manos de la ITT y de los americanos, como hoy está en manos de ellos esa tecnología avanzada que no dominamos. El caso es que condicionaba gran parte del tiempo de la gobernación de Azaña, dedicado, por lo demás, a escuchar todo lo que se hablara en el país.

F. G.: —Entonces tenía más explicación, porque la información, por su limitada difusión, era poder, y la comunicación subsiguiente era poder. Hoy no lo es, no somos capaces de comprender que ya la información en sí no es poder, sino la administración y la coordinación razonable de la información, para obtener resultados operativos.

J. L. C.: —La información es un bien mostrenco, un bien público, que está al servicio y al alcance de todos.

F. G.: —Luego ya no es poder en sí misma. Lo que tiene el poder político hoy es capacidad para impedir, durante cierto tiempo, que la gente se comunique, se relacione, acceda, es el único poder que tiene: retrasar el proceso. El liderazgo no se demuestra por disponer de información sino por la capacidad para producirla y utilizarla.

J. L. C.: —Yo comento esto, simplemente, para señalar la importancia social de las telecomunicaciones en las relaciones con el poder de los gobiernos.

F. G.: —Como decían los estrategas del Vaticano en los ochenta, las catedrales del siglo XXI son las telecomunicaciones, es la Red, no son las grandes construcciones en piedra. Lo que les interesa saber es cómo desde Roma se da una orden que llega hasta la última parroquia del mundo con rapidez y eficacia. La prioridad de las telecomunicaciones es superior incluso a la de la energía, porque es lo que expresa mejor la revolución que se ha producido, es la liquidación del tiempo y la distancia en la comunicación entre los seres humanos. Todas las revoluciones que en el mundo han sido, dignas de ese nombre, son, fundamentalmente, comunicacionales, y por eso cambian las pautas culturales, en el sentido profundo del término. Por eso producen cambios de civilización. Al fin y al cabo, una revolución de la comunicación fue lo que nos permite hoy comer patatas a los europeos.

J. L. C.: —En ese marco, la democracia representativa tiene por delante desafíos que no sabe cómo afrontar. En términos históricos, podemos estar asistiendo al comienzo de su agonía.

F. G.: —Hasta ahora preservemos la que existe, o la poca que va quedando, porque no tenemos ningún elemento sustitutivo. Las formas de representación política van a ser diferentes, pero mientras eso sucede, lo prudente es seguir con lo que hay. Espero que la democracia representativa sea flexible para asumir nuevos modos de realización. El ámbito de proyección del poder está cambiando, y, por ende, la estructura y las formas de representación cambiarán. Emerge una ciudadanía supranacional, que puede ser europea, por darle un ámbito regional comprensible, pero puede ser supranacional en el ámbito de lo hispano, o en el mundial. Algunas de las ONG sin fronteras están marcando esa tensión hacia una nueva ciudadanía.

J. L. C.: —Pero las ONG no son representativas y, además, hay toda clase de ellas. Pensamos habitualmente en Médicos sin Fronteras, o en Médicos del Mundo, organizaciones de signo solidario, pero también está el Comité Olímpico Internacional, tan ONG como cualquier otra, y tan discutible y censurable en sus métodos, como sabemos. Hay montones de chiringuitos que se dedican a defraudar en nombre de la solidaridad. ¿Quién nos garantiza a nosotros que es mejor una ONG que otra?

F. G.: —Nadie. Ni que son mejores, en su conjunto, que los partidos políticos. Lo cual no significa que no estén marcando una concepción, en algunos casos, de ciudadanía supranacional, no dependiente del ámbito del Estado, una ciudadanía que no está sometida al control clásico del Estado-nación. Hay, además, otro factor que está haciendo inadecuada la estructura representativa tradicional: el proceso de toma de decisiones se ha hecho tan vertiginoso, en materias muy relevantes para los intereses cívicos, que no sólo no es capaz de seguirlo el Parlamento, sino que el propio Ejecutivo se muestra excesivamente lento. No digamos ya cuando se trata del proceso decisorio de la Unión Europea.

J. L. C.: —Algo tienen que ver con esto los medios de comunicación. Pedimos a cada rato que comparezcan toda clase de políticos ante el Parlamento para responder de sus acciones y, cuando lo hacen, ya han dicho antes todo lo que tenían que decir: en la televisión, en la prensa. Es inimaginable que alguien vaya al Congreso a pronunciar una frase que ya no se sepa, que ya no haya expresado. Lo único diferente es que lo hace ante un auditorio que representa la soberanía nacional y que supuestamente tiene un poder de control de esa persona, pero igualmente ese auditorio acude a oír lo que ya sabe y a preguntar lo que ya cuestionó a través de los medios de comunicación. Todo el sistema de control de la democracia representativa está de alguna manera interferido, y ayudado a la vez, por los medios.

F. G.: —Siendo verdad lo que dices, hay problemas más relevantes que ésos. Tu descripción forma parte de la inadecuación en el ritmo de toma de decisiones. Mientras la crítica mediática crea un determinado ambiente, si funcionara la democracia representativa, el paso por el Parlamento sería un auténtico control del Ejecutivo. Pero está perdiendo relevancia. Cuando un ministro dice en el Congreso que no había participado en la decisión de condonar 8.500 millones de pesetas a Ercros[18], y se averigua, dos meses después, que sí lo había hecho, no se detrae ninguna responsabilidad. Ésta no es una crisis de la democracia representativa derivada de la revolución tecnológica, sino un problema de menosprecio del Parlamento y de sus funciones. En el partido socialista, los inventos de primarias, que tan contentos pusieron a todo el mundo, como un ensayo de democracia directa, trataban de sustituir una degradación perfectamente evitable de la democracia representativa. Fuimos a unas primarias porque los congresos del partido no tienen una representatividad razonablemente directa, pues el delegado es de

---

[18] En 1991 la compañía química Ercros realiza la venta supuestamente fraudulenta de su filial Ertoil a la petrolera francesa Elf a través de la sociedad luxemburguesa GMH (General Mediterranean Holding). El acuerdo fue firmado ante notario el 18 de julio de 1991 por Josep Piqué que, cuando se produjo la venta era director de Estrategia de Ercros. El informe del fiscal solicitó la imputación de Piqué en la investigación de presuntas irregularidades en la venta de Ertoil por tres supuestos delitos: alzamiento de bienes, apropiación indebida y delito fiscal. Siendo ya Piqué ministro de Industria, la comisión Delegada del Gobierno para Asuntos Económicos, en una reunión que tuvo lugar en junio de 1998, perdonó 7.400 de los 8.500 millones de un crédito concedido a Ercros en 1994.

tercer o cuarto nivel. De modo que cuando se decide el nombre de un representante en el congreso, las agrupaciones locales se han olvidado de por qué razón ha salido designado. Eso genera una grave insatisfacción y por lo mismo se pidió una especie de segunda vuelta, que son las primarias, para ajustar las cuentas de lo que no se hizo teóricamente bien en el proceso de selección de candidatos. Las primarias son una impostación de democracia directa por un fallo de la democracia representativa. En España hace falta una reforma electoral que obligue a los diputados y a los senadores a ganarse a sus electores, hacen falta listas abiertas. Por tanto, se están mezclando problemas derivados del cambio civilizatorio y problemas de degradación de la democracia representativa perfectamente evitables.

J. L. C.: —¿Tú no sentías esa carencia cuando estabas en el poder?

F. G.: —Y propuse cambiar el sistema, discretamente, para abrir el espacio, a principios de los noventa, con poco éxito.

J. L. C.: —Habría que cambiar también la provincia como distrito electoral.

F. G.: —Es menos significativo, aunque es cierto que produce distorsiones excesivas. Lo que habría que hacer es redistribuir el voto dentro de ellas de manera diferente, acercarlo más a los ciudadanos y menos a las hectáreas. Pero si hubiera una infrarrepresentación en zonas del país ya muy despobladas, y con tendencia a seguir despoblándose, surgiría un problema; hay que cuidar eso también. Sobre todo hay que pensar en el Senado y en la circunscripción adecuada.

J. L. C.: —Lo mismo habría que hacer en esa constitución europea, que tú dices no tiene que existir pero yo creo que sí. Habría que buscar un sistema mixto de representación de los ciudadanos y de los territorios, cosa que tampoco sucede en Europa. El Benelux tiene un peso completamente desproporcionado respecto a Alemania, Italia, Francia...

F. G.: —O a regiones como Cataluña o Baviera.

J. L. C.: —Un equilibrio entre población y territorio es siempre necesario en cualquier ejercicio de representación política.

F. G.: —La segunda cuestión es la mejora de la calidad de la democracia; el proceso decisorio parlamentario tiene que agilizarse exponencialmente, para lo que hacen falta leyes flexibles, leyes marco. Nos cuesta imaginar procesos legislativos que acompañen e incluso anticipen los cambios tan vertiginosos que estamos viviendo, pero es necesario.

J. L. C.: —También ahí los parlamentos muestran sus carencias, pues, en un mundo gobernado por la tecnología, la ley, el código, es el *software*. Esto es algo que no ha sido comprendido suficientemente aún. La norma es el *software* en la nueva sociedad y quien domine éste tendrá el poder, lo mismo que antes lo poseía quien dominaba las leyes.

F. G.: —Estoy seguro de que los parlamentos tienen que cambiar en su funcionamiento, y algo tiene que ver con eso el espectáculo que presencié en el Congreso de California donde cada escaño, cada mesita de diputado, tiene un ordenador personal. No hay un solo parlamentario delante de su mesa que no esté conectado.

J. L. C.: —Ha habido más de doscientas mil personas en 2001 que han hecho la declaración de la renta en España por Internet. ¿Por qué el Estado tiene que tardar meses en hacer las devoluciones del impuesto?

¿Por qué no hacerlo al día siguiente de la declaración? Basta con apretar un botón. ¿Por qué no sabemos, en un par de días, cuál ha sido exactamente la recaudación? En fin, éste es un ejemplo mínimo de lo que sucede en las burocracias, que tampoco son representativas, pero ostentan un enorme poder, y no son capaces de poner la tecnología al servicio de los administrados, sino sólo de utilizarla como arma de represión.

F. G.: —¿Cómo romper ese poder? ¿Cómo cambiarlo para que sirva a los ciudadanos y no se sirva de ellos? A base de que la información esté disponible para todo el mundo y que todo el mundo se comunique en red horizontalmente, con el mínimo posible de restricciones. Eso es mucho más participativo y mucho más democrático. Es mucho mejor un buen *software* de funcionamiento en red de un partido, que todas las propuestas de primarias y de secundarias. Y, sobre todo, más democrático. Lo inquietante, claro, es que entonces una buena idea se le puede ocurrir a quien no es el jefe, y todo el mundo lo sabrá.

J. L. C.: —Eso pasa en las organizaciones políticas y en las empresariales. Las resistencias de la burocracia política a perder el poder de mediación son iguales a las que tienen los ejecutivos en las empresas. En el fondo todo es lo mismo: temas de soberanía, de territorialidad, de poder, en la distribución de bienes y servicios, a escala global.

F. G.: —La diferencia que hay entre las empresas y las organizaciones políticas es que aquéllas tienen el riesgo de fracasar y ser desbordadas a muy corto plazo, y las políticas tienen mucho más tiempo. Afrontan el mismo riesgo, pero con más plazo por delante. El tiempo histórico de un empresario es el que dure en el mercado, que puede ser de dos meses o de un año. El de un político, los períodos entre elección y elección o más: es bastante largo. Lo interesante del debate con la empresa es que los empresarios, casi por obligación, tienen que estar atentos, con las orejas tiesas ante los cambios. Hablo de los empresarios y de algunos ejecutivos, otros son burócratas que defienden su parcela de poder, como se vio en la crisis de la IBM. Ese estado de alerta, esa competitividad, es lo que hace más divertida, intelectualmente, la discusión con el mundo emprendedor que con el de la política.

J. L. C.: —Es preciso profundizar las relaciones de empresa y política en el nuevo entorno, también con los intelectuales —o sea, entre el mundo del conocimiento, la producción de riqueza y la intervención pública sobre esos procesos—. Lo que dicen tantos empresarios de que es malo inmiscuirse en política, en función de que hay que garantizar los intereses de la empresa y eso les puede perjudicar, no es siempre verdad, y se corresponde con una actitud cínica. Lo que quieren decir es que no conviene alinearse con la oposición y prefieren estar siempre con el poder. Es una visión predemocrática de la política, porque la oposición de hoy es el poder de mañana, y viceversa. Me recuerda a esa famosa frase de «yo no soy ni de derechas ni de izquierdas», que siempre han dicho los de la derecha, y jamás los progresistas. Los empresarios que dicen ser políticamente neutrales se meten en política como cada quien, pero siempre en un tipo determinado de política. Si las empresas tienen más poder que los Estados en algunas cosas, es absurdo dar la espalda a esa realidad, que comporta responsabilidades muy definidas. Pero ése es un debate fatal en nuestro país, porque la izquierda no admite que el lucro, la creación de riqueza, sea un motor no sólo legítimo, sino altamente deseable de la actividad económica. Le parece moralmente inadmisible.

F. G.: —Como a los cristianos viejos. Es una postura reaccionaria que, afortunadamente, se está quedando en el pasado. Por eso me interesó el foro Iberia de América Latina, porque por primera vez se pueden encontrar empresarios, creadores culturales y políticos —faltan todavía los tecnólogos— no en un cóctel, no en un acto social y no en una relación oculta de intercambio de favores, sino en un debate operativo que consiga abrir espacios, con un nuevo reparto de roles y responsabilidades en la realidad de la globalización.

J. L. C.: —Sobre esto se habla poquísimo, hay una especie de doctrina en el mundo de la empresa, y también en el de la cultura, en el sentido de que no conviene contaminarse. Las partes sucias son para los políticos y, siguiendo el mismo razonamiento, las groseras para los empresarios. Los escritores y artistas tienden al olimpismo, en el sentido divino, aunque lo hacen nada menos que en nombre del compromiso con la sociedad. De acuerdo con esta teoría, los políticos llevan la policía, administran la cloaca, al servicio del lucro empresarial, mientras los intelectuales atraviesan el cristal sin romperlo ni mancharlo. Algunos de ellos, tan corruptos o más que cualquiera, van por la vida de ángeles de la democracia, cuando son sicarios de los que mandan. Virgilio o Leonardo no se avergonzaban de trabajar a sueldo, pero hoy el mundo está lleno de aprendices que engolan su independencia mientras pacen en el pesebre. La desestructuración entre el poder del conocimiento, el de la empresa y el político, que en la convergencia de la sociedad digital están absolutamente unidos, provoca el infradesarrollo de los países.

F. G.: —Por eso he hablado de la nueva responsabilidad de los empresarios emprendedores. Éstos tienen que conseguir beneficios, y están legitimados para defender sus intereses como clase empresarial, pero también tienen una responsabilidad de dimensión social en una economía en la que el Estado se retira de la producción directa de bienes y deja de ser un factor determinante de la generación de Producto Bruto. Sin embargo, muchas veces no son conscientes de esto último, porque ése era el papel que hasta ahora ejercía el Estado, y ahora se le niega y no se ve forma alguna de compartirlo.

J. L. C.: —Criticamos mucho el capitalismo salvaje y las deformaciones que sufre el sistema en EE UU, pero allí los empresarios, o muchos de ellos, tienen conciencia social. Yo recuerdo con cierta insistencia, en conferencias y seminarios públicos, que Adam Smith, aparte de escribir *La riqueza de las naciones*, fue autor de un interesante *Tratado sobre los sentimientos morales*, y que el capitalismo es una doctrina del egoísmo, pero del egoísmo como filosofía, no como desviación del comportamiento. Los primeros culpables de su mala fama son los empresarios, determinado tipo de ellos, entusiastas del capitalismo monopolista de Estado —como lo llamaba Santiago Carrillo—, defensores, y beneficiarios, del proteccionismo, especuladores y ventajistas. La izquierda cultural ha de hacer un esfuerzo por la recuperación de la imagen moral de la empresa como concepto, y abandonar el camino fácil de la crítica de la propiedad.

F. G.: —Con mi gobierno eso cambió mucho.

J. L. C.: —No hablo sólo de la izquierda política, sino de la intelectual... y cambió, sólo, hasta cierto punto. En España la gente se avergüenza, todavía, de defender el universo de los intereses, con lo que se refugia, muchas veces de manera cínica, en el de los ideales. Todo el mundo persigue éstos y reniega de aquéllos. Como si los ideales pudieran estar al margen de los intereses. Quizá se debe a la tradición mística y católica del país, a la convicción de que, al fin y al cabo, la vida sólo es «una mala noche en una mala posada», en frase de Santa Teresa.

F. G.: —Ni siquiera se ha hecho esa discusión, que analiza con brillantez Marta de Sanguinetti en un reciente ensayo sobre pureza de sangre y oficios viles, como elementos de identidad que atravesaron, en parte, el Atlántico. Aquí el único debate respetable es sobre valores y, si se trata de valores morales, parece más respetable todavía. En cuanto que se mezclan intereses, el debate empieza a ser algo espurio y miserable, cuando lo único que podría diferenciar unas y otras actitudes es la dosificación de valores e intereses. Los intereses se encuentran mezclados en toda defensa de valores, porque en la vida son inseparables. Y eso es noble, necesario, justo. ¿Qué defienden los sindicatos de izquierda si abandonan los intereses de los trabajadores? E intereses tan puros y duros como que defienden a los ocupados y olvidan, con frecuencia, a los que no lo están.

J. L. C.: —Está tan deformado el diálogo que los sindicatos lo que proclaman, cara a la galería, es la justicia social, un concepto abstracto, válido para cualquiera, no intereses concretos que enfrentan a unos colectivos con otros. Sus verdaderos móviles se disfrazan, en demasiadas ocasiones, de un discurso completamente ajeno, que encubre la factualidad de las cosas. Los sindicalistas deberían comprender que la defensa de intereses concretos, frente a los pronunciamientos de principio que suelen hacer las autoridades, les da una oportunidad for midable de triunfar en sus reclamaciones. Naturalmente, esos intereses suponen también el compromiso con unos valores determinados.

F. G.: —¿Qué es lo que más me confunde de esto? El empresario, por definición, es una persona que quiere el cambio, que vive del cambio y de la apertura de nuevos espacios, salvo que la izquierda lo empuje en brazos de quien aparece comprensivo con su función, que suele ser la derecha. El empresario debería ser progresista, porque su función es contraria al *statu quo*. Su vocación estratégica es seguir ocupando espacio, renovarlo y ampliarlo. Lo fantástico es que la izquierda haya estado permanentemente en conflicto con quien quiere modificar las cosas y éste haya sido acogido por la derecha que, al menos ideológicamente, no quiere que cambien. Hay que resaltar la función progresista del empresario emprendedor, frente a la función regresiva o conservadora del rentista. En Andalucía deberíamos haber comprendido la importancia histórica de esa diferencia. Lo interesante es el fenómeno de cómo la izquierda puede llegar a ser contradictoria, por ser conservadora.

J. L. C.: —Eso se vio claramente al final de la Unión Soviética.

F. G.: —Se invirtió el sentido del concepto: conservador y comunista eran la misma cosa. Y se ve en la socialdemocracia, por cierto, que gobierna Europa con una actitud defensiva que conecta con el sentimiento de inseguridad de la gente, ante la dinámica de cambios vertiginosos. El mérito de Tony Blair es no haber sido defensivo. Su demérito es no haber formulado consistentemente lo que él ha llamado la «tercera vía», cuya ventaja respecto de otras es que, por lo menos, no es

216

una vía muerta, trata de abrir un espacio de futuro, y no lo logra porque sucumbe a lo inmediato. No ha llegado a encarnar un proyecto alternativo, pero sí una actitud activa, ofensiva y no defensiva, ante los desafíos de la globalización.

J. L. C.: —También hay que reconocer que la gente tiene derecho a la seguridad. ¿Por qué triunfa la religión, por qué en momentos de crisis tiene un ascendiente mayor entre la gente, por qué el mismo Estado adquiere relevancia cuando crece la confusión social? Porque garantizan seguridad. En Europa no hemos sido educados en la noción del riesgo. EE UU es un país de pioneros, de gente que acude a ocupar tierras, para las que tomar riesgos es, por principio, una forma de vida.

F. G.: —Ésa es la diferencia, no es de cantidad ni de calidad de conocimiento, sino de actitud, de flexibilidad anticorporativa.

J. L. C.: —Por eso el tratamiento fiscal de las empresas de capital de riesgo en Europa es diferente al que tienen los americanos. Aquí no hay capital riesgo, ni espíritu de riesgo, porque no está primado. No hay cultura del riesgo, y el que la asume, en la sociedad europea, acaba siendo un marginal, un excéntrico.

F. G.: —Salvo en una cosa. Yo creo que ese cambio cultural empieza a producirse, y se va a acelerar, porque los jóvenes reciben mejor ese mensaje que el de una supuesta seguridad de empleo, para todos y para toda la vida. Claro que las mayorías sociales, en la política, dependen de la capacidad que se tenga para añadir al programa un plus de seguridad, en el sentido amplio. Thatcher ganó cuando el laborismo creó inseguridad. Blair hizo otro tanto cuando la política de los conservadores creó más incertidumbres que garantías.

J. L. C.: —Porque los pueblos son conservadores.

F. G.: —A pesar de eso que dices, que puede ser verdad, ponte en el papel de una persona con cuarenta y cinco o cincuenta años a la hora de ejercer su voto. ¿Cuál es su actitud psicológica? Vota por sus intereses, sus ilusiones, pero su horizonte vital está más hacia atrás que hacia delante, y vota también por un segundo factor: la expectativa de futuro de sus hijos. El PP nos ganó, además de por jugadas sucias, porque sus dirigentes aparecieron como más modernos que nosotros. Parecían representar más el futuro.

J. L. C.: —Hay un elemento generacional en eso.

F. G.: —No sólo generacional, que también, sino de percepción, de formas. Lo que nosotros habíamos representado quince años antes, y ya no sabíamos hacerlo, porque nos habíamos vuelto conservadores, y queríamos repetir la experiencia del 82, cuando entonces lo que habíamos hecho era conectar con una sociedad que aspiraba a cambiar, y lo hizo consistentemente durante catorce años. Esta gente, incluso en la impostación de la imagen, nos ganaron por ser, parecer, más modernos que nosotros, por aparecer como más garantes del futuro. Ahora están agotando este caudal. El liderazgo tiene un componente de anticipación de futuro, que da seguridad. Esto, unido a la sensibilidad ante los problemas que genera todo cambio histórico, para acompañar solidariamente a los que no pueden adaptarse, es el secreto de la confianza de los ciudadanos. En ese sentido, la globalización sigue siendo un fenómeno incomprendido para los dirigentes políticos, que se han dejado sorprender por las protestas que genera. Por eso la experiencia socialdemócrata en Europa va a ser corta si no cambian de comportamiento sus líderes, porque su actitud sólo es defensiva, y eso no sirve, no dura en una sociedad en cambio vertiginoso. Si no hay una respuesta a la construcción europea que anticipe el futuro, la socialdemocracia no permanecerá. El fracaso de la izquierda italiana, del Olivo frente a Berlusconi, es el de la burocratización del pensamiento político, aunque la sustitución plantee tantas dudas a mucha gente.

J. L. C.: —Cuando estabas en el Gobierno yo te hablaba de la sociedad civil, y te reías como diciendo: «qué aburrido éste, siempre con esas posmodernidades, con esos diletantismos».

F. G.: —No, no, a mí me interesa tanto el concepto, entonces y ahora, que lo único que me turba es que toda la sociedad civil que inventamos en Europa depende de los presupuestos del Estado en el 95 por ciento.

J. L. C.: —Eso no es sociedad civil. El poder político ha recelado de ella precisamente porque se escapa a las normas de la representación y no desea vivir de los presupuestos públicos, la sociedad civil necesita una noción de riesgo para desarrollarse. En ella reside gran parte de lo que se llama la gobernabilidad o la gobernanza, que tiene mucho que ver con el universo de los valores. Los que se relacionan con la solidaridad están siendo destruidos, antes hemos dicho que el capitalismo es una invención de la filosofía moral, del egoísmo, ¿dónde están los valores de solidaridad que lo compensen?

F. G.: —Yo no creo en la crisis de los valores, tal como se formula, generación tras generación, invariablemente. Las que están en crisis son nuestras convenciones sobre un modo de vida que cambia. Lo que llamamos valores son las convenciones que nos han permitido relacionarnos en una sociedad que ya hemos identificado como industrial, que es la nuestra y la de nuestros padres. Los valores que supuestamente estamos perdiendo,

¿a qué se refieren? ¿A la solidaridad? No lo creo. ¿Por qué hoy es menos solidario el mundo que hace cien o quinientos años? Mentira. Nada consistente lo muestra. Cosa diferente es que haya que cambiar las formas de expresar la solidaridad, porque nuestra manera de ver el mundo, de relacionarnos, nuestras convenciones, están cambiando, como está cambiando el sistema de producción. Ya ni siquiera hay un referente comunista como modelo alternativo. Está desapareciendo el trabajo en cadena que fundamentaba la solidaridad de clase, como experiencia vital compartida. Pero eso no significa que desaparezca la solidaridad como valor.

J. L. C.: —Esto es más polémico.

F. G.: —El fracaso de las respuestas no significa que las preguntas no sigan vigentes. Fue la aproximación de Octavio Paz ante la caída del comunismo. Me parece perfecta.

J. L. C.: —Algunas preguntas concretas que siguen vigentes son la ampliación de Europa hacia el Este, huérfano de democracia y menesteroso de bienestar, los flujos migratorios, que ponen de relieve las injusticias del mundo... Estamos dispuestos a gastarnos no sé cuánto dinero en guardia civil y radares para detectar pateras, por toda Europa se levantan barreras, se perfeccionan sistemas de seguridad al respecto, pero es difícil convencer a los gobiernos de que hay que invertir sólo un poco más que eso, o quién sabe si en ocasiones un poco menos, en llevar agua al norte de África y en impulsar el desarrollo de esa zona.

F. G.: —Éste, además, es un comportamiento a escala, como tuve ocasión de expresar a los dominicanos, que se quejaban, con razón, de sus problemas en España. Los marroquíes tienen su problema con los subsaharianos, los puertorriqueños con los dominicanos, éstos con los haitianos... De modo que sí hay una crisis de solidaridad, sobre todo en las nuevas formas de manifestarse la injusticia y la discriminación, y, por tanto, en las nuevas respuestas. El Estado no sabe cómo enfrentar desafíos tan descomunales como el de los flujos migratorios. Sobre todo en Europa, lo único que hace es defenderse, como puede, de la invasión. Es el problema del ser humano desde el comienzo de la historia hasta hoy. Lo que cambian son las convenciones.

J. L. C.: —Con una diferencia: la velocidad. Antes era impensable para un subsahariano suponer que su solución vital era llegar a España atravesando el desierto.

F. G.: —La revolución de la información le dice que eso es posible y no hay barrera que lo detenga.

J. L. C.: —Y acuciado por la necesidad tiene una noción del riesgo, le compensa el riesgo por lo que puede obtener. Los pioneros, como siempre ha ocurrido, son los pobres del mundo. Pero los pioneros de hoy son la burguesía de mañana.

F. G.: —No sólo le compensa el riesgo: es la parte más valiosa del capital humano de su país, porque justamente asume un peligro, y quien no lo hace es capaz de morirse de hambre en su tierra. Por tanto, es una doble sangría. Hace poco le preguntaba a Clinton, cuando vino a Madrid: «¿Te imaginas que el veinte por ciento de la población más pobre de América Latina estuviera en la media de renta del área? No estoy hablando de la media de renta de EE UU, sino de la propia América Latina. ¿Qué efecto hubiera tenido eso en la crisis de la economía americana en estos momentos?». La contestación fue que no habría habido crisis. Por eso hay que hablar del paradigma de sostenibilidad del nuevo modelo, incluidos los problemas migratorios. El paradigma de sostenibilidad de eso que llamas valores y que podemos llamar también intereses. Cuando voy a una reunión en Marruecos con presencia de europeos —políticos, empresarios o intelectuales— me gusta terminar la intervención diciendo que no les pido solidaridad con el Magreb, que me bastaría con un egoísmo inteligente. A eso me refiero. El paradigma de la economía industrial avanzada se formó por la combinación de tres factores: el keynesianismo, la presión o la reivindicación socialdemócrata y la amenaza comunista, dando como resultado la sociedad del bienestar. Esa combinación hizo que la economía llegara a un grado interesante de desarrollo, y de éxito duradero. El paradigma de la nueva economía tiene que estar en su capacidad de incluir a un mayor número de actores, de ciudadanos, no sólo como consumidores, y a un mayor número de territorios. Hay que superar la contradicción entre una revolución tecnológica que, al multiplicar exponencialmente la productividad por persona empleada, llevaría al desempleo masivo, y la necesidad de facilitar el acceso a los nuevos productos de un creciente número de ciudadanos en todos los lugares del mundo. Por otro lado, en la nueva economía, todo lo que los técnicos llaman los factores (capitales, mercancías, servicios) se mueve con creciente libertad, mientras los seres humanos, salvo para turismo o negocios, tienen que quedarse en su territorio. Esa contradicción va a hacer imposible el mantenimiento de esta situación explosiva que vivimos en lo que concierne a los flujos migratorios.

EL FUTURO NO ES LO QUE ERA

J. L. C.: —Estas cuestiones nos adentran de lleno en el concepto de la nueva economía, por la que había un gran entusiasmo hasta principios de 2000, pero ahora cada vez son más numerosos los artículos y los libros que explican que la nueva economía es igual que la vieja, que los criterios de rentabilidad no han variado, y que, por lo tanto, todo era el fruto de la burbuja de los mercados financieros y las cotizaciones bursátiles. Yo creo que es una visión equivocada, y sí pienso que hay un cambio esencial. En la vieja economía, el capitalismo industrial, la suma del capital y el trabajo generaba las plusvalías de las que se apoderaba el primero. La economía industrial avanzada es, después, capital, más trabajo, más información. Todavía estamos en eso. En la nueva economía, la información sustituye al capital, el capital en sí mismo es información, por así decirlo, y en gran medida ésta sustituye igualmente al trabajo. Algunos otros mitos de la economía tradicional, como el de que la acumulación viene con el tiempo, quedan obsoletos, no es ya el tiempo un factor básico en la acumulación de capitales, porque el tiempo mismo desaparece como noción en el mundo digital. En meses, en pocos años, se producen concentraciones financieras ingentes de dinero que se han creado virtualmente.

F. G.: —Incluso hay excedente de ahorro disponible.

J. L. C.: —Otro mito, el de que la fuerza de trabajo genera la plusvalía por la que se acumula capital, tampoco es verdad en la nueva circunstancia. Y si vamos a ver lo que pasa en el comercio, hoy Europa es autosuficiente en alimentación, por lo que los países emergentes no tienen casi nada que ofrecer. La materia prima fundamental de la nueva economía es la información. Por eso, cuando hablamos de abrir el comercio mundial, es porque queremos venderles a ellos, pero ellos no tienen prácticamente nada que vendernos a los desarrollados. El mito de la organización mundial del trabajo, según el cual los países emergentes producen materias primas, las exportan a los países industriales, éstos las transforman y son devueltas en forma de productos manufacturados y con alta plusvalía a los países pobres, esa teoría marxista clásica, ya no vale. En algunos aspectos se ha invertido el ciclo, son las fábricas de China, Taiwan o la India, con condiciones laborales inadmisibles, las que añaden valor a los productos diseñados y distribuidos en Occidente. Pero los países avanzados tienen, hoy, la principal materia prima, que es la información, la transforman, la distribuyen y la consumen ellos mismos. Ése es el paradigma de la nueva economía, que sólo en esto se parece bastante a la vieja: es un mundo en el que los ricos son cada vez más ricos y los pobres se ven descolgados del proceso productivo y abocados a la perpetua miseria.

F. G.: —No es el paradigma, puesto que está entrando en crisis. El paradigma sería la regla que le daría sostenibilidad. Pero estoy de acuerdo en el análisis de los efectos y en parte de las causas.

J. L. C.: —¿Cuál es esa regla?

F. G.: —Sería, creo, una economía incluyente de un número creciente de actores. Si a partir de la primera unidad de producto, que puede ser muy costosa en investigación, en cantidad de conocimiento, en la nueva economía el coste marginal se aproxima a cero, porque la materia prima, como tú dices, fundamental, es la información, el límite de su expansión es la accesibilidad, en términos de capacidad económica y educativa. Creo, a pesar de la crisis, que sí hay una nueva economía, hay una nueva civilización producto de una revolución tecnológica y el factor desencadenante del crecimiento exponencial del cambio ha sido la revolución de la información. La competitividad, te decía antes, empieza a ser cooperativa porque, cuando trabajas en red y tienes cien cabezas pensando y conectadas en tiempo real, estás produciendo un efecto multiplicador extraordinario. La materia prima básica es el conocimiento. Los fisiócratas defendían que lo único que de verdad generaba riqueza era la tierra. Para ellos la economía industrial era una ficción. Llegaron los industrialistas y dijeron que una economía basada en los servicios no podría desarrollarse, que sólo la industria tenía solidez. Sin embargo, los países más avanzados empezaron a desplazar hacia eso que llamamos el sector servicios la mayor parte de la actividad y de generación del producto. Ahora, nuevamente se da un salto con la economía informacional. Es una economía específica del conocimiento, una nueva manera de producir que atraviesa a todos los sectores, a los servicios, a la agricultura, a la industria. Eso no es reversible. Lo que puede haber son dientes de sierra en la evolución, que es lo que está ocurriendo ahora. Se pensaba que se habían acabado los ciclos del capitalismo y que el crecimiento iba a ser inmensamente duradero. Cuando la gente recibe la bofetada de una crisis económica, como la que vivimos, piensa que se habrán acabado o no los ciclos, pero para ellos es igual.

J. L. C.: —Los ciclos no se han acabado, lo que sucede es que son más cortos. Antes duraban cinco años, quizás porque tenían que ver con el clima, los siete años secos, los siete húmedos... Ahora duran mucho menos tiempo, aunque nunca tan poco que sea inferior a la impaciencia de la gente. Pero lo verdaderamente esencial en la nueva economía, que tiene que ver mucho con la civilización del conocimiento, es que es, en primer lugar, verdaderamente global. Lo más llamativo de los últimos siete años de crecimiento de Estados Unidos es que hemos vivido años de crecimiento también continuado en Europa. Y la crisis de ahora es también global. Este es un fenómeno que escapa al control de las instituciones existentes. El segundo aspecto es que es convergente, los productores son los propios consumidores y, además, son también los intermediarios en la distribución de los propios productos y servicios, la división del trabajo no es la misma que cuando había alguien que producía, otro distribuía y un tercero vendía. Globalidad y convergencia son elementos básicos del nuevo paradigma. Por otra parte, el edificio jurídico y político de nuestra civilización está basado sobre el derecho de propiedad, inicialmente el de la tierra; o, en todo caso, contra ese derecho. Incluso la teoría de la plusvalía marxista se define como una apropiación indebida del trabajo ajeno o de su fruto, es una expoliación. Pero en la nueva circunstancia, el derecho de propiedad, una de las claves del arco jurídico del capitalismo, se desvanece, o se oscurece, precisamente porque la propiedad del conocimiento, que es hoy la fundamental, está en redes compartidas.

F. G.: —No sólo por eso, sino porque no puedes garantizarlo. La más sagrada de las propiedades, la que más relación tiene con la condición del ser humano como tal, es la propiedad intelectual.

J. L. C.: —Y siendo la menos garantizable en la red, es también la que más tiene que ver con la formación del capital humano. La cuestión fundamental, repito, es que quien tiene el *software* tiene la norma, y por eso es el verdadero propietario de la nueva economía, la del conocimiento.

F. G.: —Es el diseñador de la arquitectura que te permite circular por el nuevo edificio.

J. L. C.: —Y el que la puede cambiar.

F. G.: —El *software* no tiene ni siquiera por qué ser la idea, y normalmente no lo es. Los ingenieros de *software* no producen directamente la idea, sino que la traducen al lenguaje adecuado, la codifican para transformarla en producto de consumo o de relación. Son como los productores en materia cultural, que en realidad lo que hacen es llevar la creación al público, no estrictamente producirla.

J. L. C.: —O como los legisladores y los técnicos legislativos en las democracias. Todo eso se basa, por lo demás, en la conectividad de la gente, no vale para nada si no hay una gran participación, si no hay diálogo entre los individuos, es un fenómeno relativamente comunitario a la vez que, paradójicamente, muy individualista. Es comunitario en el sentido de que la comunicación es la base de generación de la propia riqueza.

F. G.: —Por eso te hablaba de la competitividad cooperativa. Ésa es la otra cosa que sorprende a la mayor parte de los actores de la economía clásica. No se dan cuenta de que, en la nueva economía, aumentar un 10 por ciento el número de clientes no produce el mismo efecto que cuando crecía el número de compradores de algo. Un 10 por ciento de gente conectada al resto produce un efecto multiplicador. Ésa es la magia: el que está conectado no es cliente de un solo producto, sino de una nueva realidad que lo lleva, potencialmente, a consumir una diversidad inmensa...

J. L. C.: —Y a ser proveedor también. Pero las instituciones políticas y jurídicas continúan basadas en las relaciones industriales y comerciales de antaño, con unos sindicatos y unas patronales clásicas, pese a que éste es un mundo en el que la fuerza laboral, la masa, es cada vez menos significativa en las áreas de la producción y creación de riqueza y es relevante sólo en determinadas parcelas de los servicios públicos. ¿Qué pasará el día que los pocos que poseen o manejan los servidores informáticos y las redes, que son los verdaderos controladores del sistema del futuro, decidan boicotearlos o condicionarlos?

F. G.: —El problema de los sindicatos es la obsolescencia de una estructura que está pensada para la sociedad industrial en la que se produce, fundamentalmente, mediante el trabajo dependiente en cadena. La solidaridad de clase que se deriva de ese trabajo en cadena, la solidaridad de los proletarios, en origen, genera esa experiencia vital compartida de la que te hablaba, y que está desapareciendo. El hombre, antes de la producción en cadena, está menos alienado, porque es artesano y el fruto completo de su trabajo creativo no le es ajeno, es suyo y lo pone a disposición de otro, es dueño del proceso de producción y no parte de la cadena. El paradigma de lo que digo, en sentido figurativo, está maravillosamente explicado por Charlot en *Tiempos modernos:* el hombre como parte de la máquina de producción y el mito de la productividad. El «fordismo» es, realmente, la filosofía de la revolución industrial, y la justificación del asociacionismo sindical como asociación de intereses. El hombre había pasado de ser pastor de animales a ser parte de la cadena de producción, una pieza en el engranaje del trabajo repetitivo. Ahora, al liberarse de ésta, pasa a ser de nuevo pastor, pero de máquinas, es dueño de la máquina, tiene un nuevo poder, su solidaridad ya no se basa en la solidaridad de una experiencia colectiva compartida en el trabajo en cadena, pero puede basarse en el dominio de la competitividad cooperativa.

J. L. C.: —¿Ahora no tiene una nueva alienación?

F. G.: —Puede tenerla pero no sé cuál. La ajenidad en el fruto de su trabajo le es menos clara. En cualquiera de las actividades más representativas de lo que venimos llamando nueva economía, la característica fundamental es la propiedad del fruto del trabajo, y la versatilidad de las formas de contratación que produce. Las *stock options*, para entendernos, significan el compromiso con el fruto del trabajo, en el sentido clásico del término, como destino de la empresa, del proyecto. El sueldo es lo menos significativo. Ahora hay una especie de repunte, en Silicon Valley, de un cierto sindicalismo de otra naturaleza, pero es difícil imaginarse al sindicalismo clásico en un trabajo que se puede hacer perfectamente desde casa, separado físicamente de los demás. El trabajo en red crea una relación humana mucho más autónoma, pero, sobre todo, de naturaleza distinta, sobre la que no tenemos perspectiva histórica.

J. L. C.: —No obstante, la relación con la máquina produce alienaciones diferentes. No está claro que la red te haga más dueño del fruto de tu trabajo, antes bien experimentas una sensación de pérdida de control, de ajenidad, de formar parte de un universo que te trasciende. Y mientras tanto, se destruye el tejido productivo tradicional. Las telecomunicaciones, que están directamente ligadas a la nueva economía, son el primer sector laboral de la Unión Europea, con más de un millón de puestos de trabajo. Los nuevos empleos creados por la política de liberalización no llegan a cien o ciento cincuenta mil, y la capacidad de destrucción de puestos de trabajo de las nuevas tecnologías está por encima de los trescientos mil o cuatrocientos mil, en el corto plazo. Los gobiernos europeos, preocupados por esta situación, se empeñan en proteger los antiguos monopolios, impidiendo la competitividad y dificultando, o retrasando, la implantación de las tecnologías avanzadas.

F. G.: —Es el concepto de destrucción creativa —en frase de Schumpeter—, el proceso permanente de renovación. El impacto de las nuevas tecnologías hace crecer exponencialmente, como nunca se había visto, lo que llamamos productividad por persona ocupada, pero abre espacios para la ocupación, también imprevisibles hasta ahora.

J. L. C.: —En Estados Unidos es sólo un 1 por ciento, quizá menos, el impacto en la productividad global.

F. G.: —No es poco. Eso significa que el efecto de difusión de la tecnología está haciendo crecer la productividad general, por persona ocupada, un punto cada año. En los sectores afectados, en telecomunicaciones, cuando realmente hay competitividad, la productividad ha podido crecer seis, siete u ocho puntos porcentuales cada año. Yo creo que, por primera vez en la historia, y eso me hace ser optimista respecto a las utopías de la izquierda, el trabajo, la ocupación, no el trabajo por cuenta ajena, es todo lo que queda por hacer, no sólo para satisfacer necesidades humanas, sino desde el punto de vista de la imaginación creativa, y eso es inagotable.

J. L. C.: —A condición de que ese ser humano esté educado y tenga las habilidades necesarias para incorporarse al proceso.

F. G.: —Digamos que tenga el conocimiento y el entrenamiento suficiente como para saber, o para ser consciente, de qué oferta supone como individuo, como grupo, como comunidad, que añada valor a los demás.

J. L. C.: —Un concepto de civismo añadido al de creación.

F. G.: —Añadirse valor a sí mismo sólo lo consigue el ser humano a través de la relación con el otro. Por tanto, yo no creo que haya límites desde el punto de vista de la ocupabilidad, ahora menos que nunca, menos límites que en la sociedad industrial, y, desde luego, muchísimos menos que en la agraria. Lo único que crece, y que puede crecer sin límite, es aquello a lo que se le aplica la inteligencia, el conocimiento. Los récords olímpicos que caen consistentemente son los relacionados con el esfuerzo humano. Lo que no ocurre con los caballos, por ejemplo.

J. L. C.: —No sé si el índice de récords olímpicos tiene que ver con el desarrollo del conocimiento personal o con los descubrimientos de la química aplicada. En cualquier caso, esa utopía posible que describes sólo es válida para el primer mundo, al menos mientras estén las cosas como están. Yo comprendo, por eso, a los manifestantes antiglobalización, comprendo sus pasiones, sus emociones, y participo de ellas, no de sus argumentos, porque es mentira que la globalización sólo afecte a una parte del mundo, la globalización afecta a todos. Todo el planeta, incluida el África subsahariana, está dentro de la globalización. Lo que sucede es que unos son las víctimas y otros los verdugos, unos son globalizados y otros globalizadores. Ahora aquéllos están de alguna manera invadiendo el mundo de estos últimos y generan esa nueva multiculturalidad, ese mundo de migraciones para el que en Europa no estábamos preparados. Fundamentalmente porque se produce a una velocidad enorme y con una exigencia de integración de las minorías étnicas en las nuevas sociedades que no sabemos cómo atender.

F. G.: —Aunque coincido con ese análisis, hay algunas líneas de fractura, algunas nuevas fronteras de lo que podríamos llamar parámetros del desarrollo, sorprendentemente diferentes de las que hubo en la sociedad industrial. Hay países, como la India, que están pasando, aunque sea a niveles de elite, por la nueva frontera del desarrollo que llamamos sociedad del conocimiento.

J. L. C.: —O Malasia, o Singapur o Corea.

F. G.: —Y dentro de algunos países, nuevas realidades emergen desde ese punto de vista. Irlanda es también un ejemplo a esos efectos, o Finlandia. No es posible generalizar la simplificación de que hay globalizadores y globalizados salvo en el sentido de que siempre ha habido explotadores y explotados. Y uno no puede mantener a la gente condenada en su propio territorio cuando, a través de los sistemas globales de información, está viendo físicamente diferencias de veinte a uno en la renta disponible, sólo a unos pasos de su casa, porque el mundo se ha hecho pequeño desde el punto de vista de las comunicaciones. Pero hay un elemento de esperanza, en el que debería estar la izquierda y no lo está. La revolución tecnológica y la globalización resultante abren un inmenso espacio de oportunidad, que es aprovechado por unos y no por otros. Los que se dedican sólo a protestar contra ese efecto perverso no están ocupando dicho espacio, salvo para la propia protesta. Yo le pediría a la izquierda, y a los antiglobalización, que, además de discutir y protestar sobre los efectos perversos que está produciendo la globalización, utilicen ese espacio para lanzar sus propias ideas, sus propios valores, sus propios «proyectos transformadores» hacia la sociedad en su conjunto. Y lo mismo que decía antes del empleo digo ahora del conocimiento. A través de las nuevas tecnologías, de las computadoras y la red, todo eso no sólo es más factible desde el punto de vista del coste o la rapidez, sino desde la propia accesibilidad. La alfabetización de Internet tiene un nivel de abstracción infinitamente menor que la clásica. De modo que el 89 por ciento de las mujeres de Mozambique, que no tienen acceso a la educación o no tienen sistema de salud, pueden experimentar un salto cualitativo importantísimo en sus vidas a través del uso de Internet, para la mejora de su capital humano, utilizando servicios de enseñanza y sanidad que hoy no poseen.

J. L. C.: —Lo que pasa es que alguien tiene que encargarse de la responsabilidad de que eso suceda.

F. G.: —Las fuerzas políticas y, dentro de ellas, lo que llamamos la izquierda.

J. L. C.: —Las fuerzas políticas no sólo son los partidos, y si lo son es preciso contar con otras instancias como las ONG, según antes comentábamos. Luego están los aparatos burocráticos de poder, con enorme capacidad de decisión.

F. G.: —Las fuerzas políticas son las primeras responsables, no las únicas. Lo desesperante es que los instrumentos tecnológicos disponibles permitirían enfrentarse al desafío con una velocidad que los métodos antiguos de aplicación de los procedimientos no son capaces de realizar. El gran esfuerzo que tenemos que hacer en la revolución tecnológica es llevarla de las musas al teatro en veinticuatro horas, no en veinticuatro años. Hay que crear los mecanismos de toma de decisiones adecuados a la velocidad de los tiempos. Cuando digo que las fuerzas políticas son las responsables de eso, me refiero a la gente que cree que es mejorable la condición humana, a los que apuestan por la solidaridad, los que dicen que son de izquierdas porque creen en la igualdad de oportunidades, en la liberación de los seres humanos. Éstos son los responsables, y no deben limitarse sólo a protestar ante la Organización Mundial de Comercio, El Fondo Monetario Internacional o el Banco Mundial —por cierto, utilizando Internet para coordinarse—. No digo que no tengan mil razones para hacerlo, pero eso no va a parar el proceso. Está bien porque puede crear una conciencia de que algo falla, de que la redistribución es profundamente injusta, pero no va a dar respuesta al problema.

J. L. C.: —Nos fijamos muchos en los manifestantes, que pertenecen, casi todos, al primer mundo. Son los globalizadores, o hijos de los globalizadores. Pero es preciso atender sobre todo a esa manifestación gigante, permanente, estruendosamente silenciosa, de la inmigración clandestina. Los países que están fuera de este sistema invaden, pacífica y humilladamente, a los que lo gobiernan. Y la falta de respuesta a esta cuestión, que está cambiando la faz del planeta, es irracional. Repito que me escandalizo cuando veo a los gobiernos del mundo desarrollado gastándose el dinero en expulsar inmigrantes ilegales, y regatearlo en las ayudas al desarrollo y en la condonación de la deuda.

F. G.: —Tienes razón. En los trabajos que he hecho sobre la globalización, el desafío de las migraciones aparece, con el de la incorporación de la mujer —ligado a éste—, el del medio ambiente y el de los problemas de la identidad cultural, como uno de los cuatro grandes retos que afectan a todos en este mundo global.

Un estrambote de terror

A las pocas horas de ocurrir los atentados terroristas de Nueva York y Washington, González y Cebrián hablaron por teléfono para intercambiar impresiones. Comentaron la imposibilidad de publicar su conversación del verano sin un estrambote en el que, al menos, realizaran un análisis de urgencia de algo que, en opinión de ambos, va a afectar profundamente al curso de la historia. Éste es el resumen de sus primeras reflexiones, en momentos en los que todavía resonaba en los oídos de todos el estruendo del derrumbamiento del World Trade Center.

Juan Luis Cebrián: —Los atentados contra las Torres Gemelas y el Pentágono marcan el inicio del siglo XXI. La contemplación de los sucesos, en directo, por millones de espectadores de todo el mundo puso de relieve que la globalización de la información consigue efectos formidables en las reacciones de la opinión pública. Yo llevo casi cuarenta años ejerciendo el periodismo, me ha tocado vivir profesionalmente noticias tan importantes como la crisis de los misiles, el asesinato de Kennedy o, en el plano doméstico, el atentado contra Carrero y el golpe del 23-F. Sin embargo, en lo que se refiere a las consecuencias que ha de tener para el futuro de la humanidad, ésta de ahora me parece más decisiva que ninguna otra.

Felipe González: —Desde luego, éste es un rompeaguas, se trata del acontecimiento más grave que he vivido, en mi vida política y en la personal, y lo más significativo que ha ocurrido desde la II Guerra Mundial. Pone de manifiesto, en términos dramáticos, que las consecuencias de la caída del Muro de Berlín no han sido asumidas y no se han resuelto los problemas que se derivaron de ese hecho.

J. L. C.: —No sé si los terroristas buscaban efectos tan destructivos como los que han provocado, porque me llama la atención que no exista reivindicación fiable del hecho, cuando todo acto terrorista busca precisamente la propaganda. Pero creo entender los motivos de Bush para definir que éste es un acto de guerra. Naturalmente, esa declaración tiene consecuencias precisas. Un acto terrorista es un hecho criminal que, en un Estado democrático, compete investigar y castigar a los fiscales, la policía y los jueces. Un acto de guerra demanda una respuesta militar, no sólo como represalia, sino, sobre todo, y esto es lo delicado, como acción preventiva de nuevas aventuras de ese género.

F. G.: —Existe la tentación lógica de ponernos a discutir ahora sobre lo inmediato, acerca de la necesidad de responder a las demandas de la opinión pública en el sentido de que haya una represalia rápida, diente por diente y ojo por ojo. Algo comprensible debido al estado de ánimo de la población americana, primero, y de la occidental después, aunque no debemos incurrir en falsas generalizaciones. Sin embargo, yo trataría de salir un poco de ese análisis, en el que lo que aparece, de forma más inmediata, es el dolor por las víctimas de los atentados, que en el momento de esta conversación ni siquiera sabemos cuántas han sido, como también desconocemos en qué consistirán las acciones armadas americanas, ni si participarán en ellas, o no, los aliados.

J. L. C.: —Desde luego es pronto para verter opiniones, nos faltan muchos datos, y también es verdad que no todo el mundo apoya a los americanos, aunque ahora se multipliquen las declaraciones a su favor, muchas de ellas guiadas por el miedo. Existe una gran preocupación en los países árabes, y aun en sectores de la población occidental que, aunque condenen los atentados, no están dispuestos a endosar una venganza que ellos consideren indiscriminada. De todas formas, podemos analizar cuáles son las consecuencias probables de lo sucedido, y por qué tenemos ambos esa misma percepción de que se trata del hecho más crucial de cuantos nos ha tocado vivir.

F. G.: —Hay factores interesantes a los que responder, unas cuantas preguntas. Pero no se trata de contestarlas declarativamente, como hacen los ministros de Exteriores, sino de hacer propuestas que sirvan para algo. Ahora se reclama lo que tantas veces se había despreciado: liderazgo político para enfrentar un desafío complejo. El problema, en primer lugar, es de seguridad. Este mazazo criminal ha generado el sentimiento de un riesgo incontrolado. Pero también es un reto económico, financiero y social. Si hacía falta un catalizador para que todo el mundo dejara de decir que la crisis económica se iba a remontar dentro de tres meses y que esto va bien, o que no va tan mal, y no sé qué y no sé cuántos, un catalizador elevado a la enésima potencia... ya está aquí. Y tenemos, además, para nuestro confort, un culpable de esa crisis, a pesar de que la misma había comenzado mucho antes de la ofensiva terrorista, pero este drama hará que se agudice. Por último, todo esto supondrá un incremento cualitativo de las tensiones mundiales. Frente al supuesto orden internacional creado después de la caída del Muro de Berlín, nos encontramos ante el desorden de la sociedad de un mundo globalizado, sin reglas ni controles.

J. L. C.: —El sentimiento de inseguridad, que es lógico, ha golpeado seriamente a la población norteamericana, parece que no habrá límite a la hora de apoyar a Bush en sus demandas de dinero, gente y equipamiento, y ahora su programa del escudo antimisiles va a pasar mucho más fácilmente en el Congreso.

F. G.: —Pero cualquiera ve claramente que el desarrollo del escudo antimisiles parece poco útil para defenderse de estas amenazas, de ataques terroristas con semejantes armas. Einstein predijo que la tercera gran guerra sería de destrucción masiva —sin duda porque pensaba en la capacidad nuclear de los contendientes—, pero probablemente comportará, si es que se produce, implosiones de terrorismo a nivel regional, y aun de forma generalizada. La guerra que siga a esta tercera —añadía el propio Einstein— se hará, sin embargo, de nuevo, a base de palos y piedras, porque la capacidad de destrucción que hoy tenemos es demasiado grande. Las armas nucleares de los pobres son las químicas y las bacteriológicas. Los terroristas podían haber empleado armas de ese género, ocultándolas en sus cuerpos, como hacen los traficantes de cocaína.

J. L. C.: —El famoso equilibrio mundial era un lenguaje de guerra fría y generó los programas de destrucción mutua asegurada, en caso de ataque atómico por parte de cualquier superpotencia. Tras la caída del comunismo en Europa y la desmembración de la Unión Soviética, hemos pasado del antiguo mundo bipolar a un unilateralismo creciente en el que Estados Unidos se erige en gendarme del mundo. Si hay una crisis de seguridad lo importante es definir, primero, en qué consiste, y establecer los medios para conjurarla. La consideración del terrorismo como fenómeno bélico, y no como una enfermedad de las relaciones políticas, reclama, desde luego, algo más que declaraciones compungidas o arrogantes.

F. G.: —La caída del Muro de Berlín no produjo una sensación de crisis tan grande como la que estamos viviendo, antes bien, fue una explosión de júbilo y esperanza, pero nuestros problemas de hoy se derivan de los acontecimientos posteriores, tras el fracaso del comunismo. La actual crisis de seguridad no depende de que Estados Unidos esté amenazado por una potencia como Rusia, ni como China o Pakistán. Éste tiene sus armas nucleares, igual que la India, pero para defenderse y amenazarse mutuamente en eventuales conflictos regionales, porque no tienen vectores ni capacidad nuclear suficientes como para imaginar una confrontación mayor. La crisis de seguridad es la perfectamente definida por los sucesos de Nueva York y Washington, no hace falta más literatura. La amenaza se llama terrorismo, acciones violentas que no sólo destruyen sino que pretenden crear un pánico generalizado, y cuyos autores no son identificables, *a priori*, con un Estado contra el que se puedan tomar represalias. El enemigo es difuso, lábil, utiliza su talento para el mal y su principal arma es la información y la estrategia que de ella pueda concluir.

J. L. C.: —En lo que todo el mundo parece estar de acuerdo es en que los sistemas de seguridad actuales no son suficientes para conjurar la amenaza. Pero nadie nos dice qué es preciso hacer, cuáles son las decisiones a tomar. Hemos visto al FBI dar una buena cantidad de palos de ciego y eso genera intranquilidad entre la población.

F. G.: —Desgraciadamente, he vivido la experiencia de tener que enfrentarme a hechos de este género cientos de veces, aunque de dimensión mucho menor. ¿Cuál es el fallo normalmente en los sistemas de seguridad? La condición humana. En el caso que nos ocupa, probablemente los terroristas decidieron actuar en el momento de mayor debilidad de los controles por razones meramente humanas, cuando se cambian los turnos, y los que se van están rendidos de sueño o los que llegan no se han despertado del todo todavía, cosas así. En ese momento se produce un vacío de seguridad, que es aprovechado por los criminales, que tienen información, y que la pueden obtener fácilmente porque hay demasiados individuos dispuestos a hacer de mercenarios para recolectarla. Mi opinión personal es que si los países de la OTAN ponen en común la información de que disponen en materia de terrorismo, disminuirá enormemente la amenaza, y mucho más aún si Israel se une a esa decisión. Pero ese proceso, tan fácil de explicar, es muy complicado a la hora de su implementación. Aquí nadie quiere compartir nada como no sea en acuerdos bilaterales.

J. L. C.: —Eso supone una visión multilateral de las soluciones, pero la prensa americana, y la opinión pública, contemplan lo sucedido en términos prácticamente unilaterales. Hablan de lo que tú dices, de poner en común la información disponible, sólo a efectos internos: se trata de coordinar a todas las agencias de inteligencia del país que, además de ser muchas, campan cada una por sus respetos. Si esto es así en Estados Unidos, si la coordinación entre sus propios organismos es prácticamente inexistente, cumplir lo que propones será mucho más complejo, parece casi utópico.

F. G.: —No es utópico en absoluto, y resultará posible si de verdad pensamos que esto es una amenaza contra todos. El peligro es que los europeos reaccionemos ahora suponiendo que se trata de algo lejano, que no nos concierne. Como los palestinos no nos golpeaban a nosotros, aunque la OLP haga lo que hizo en Viena, seguían viniendo aquí con toda tranquilidad. Y el atentado contra el número dos de Arafat en el sur de Portugal se preparó en un hotel de Madrid. Cuando estalló la bomba en el metro de París[19], yo llamé a Chirac para solidarizarme, lo normal. No pude hablar con él, porque estaba de viaje, pero sí con el primer ministro. Como había visto que las agencias de prensa barajaban muchas hipótesis sobre la autoría del atentado, la kurda, la de Serbia, la islámica, la argelina... y todas las líneas de investigación estaban abiertas, le recordé que, hacía veinte o veinticinco días, los servicios españoles habían advertido a los galos de que integristas argelinos preparaban un atentado en el metro parisino. Él no estaba personalmente al tanto, pero la pista que les dimos era positiva y, por lo que yo sé, hasta ahora ese tipo de información nunca nos ha fallado. Hasta tal punto era buena la fuente, que hicimos quinientos kilómetros de gaseoducto en Argelia y otros quinientos en Marruecos sin ningún incidente, mientras estallaron dos bombas en el ya construido para Italia. O sea, que es posible coordinar los servicios, y si la OTAN estaba pre-

---

[19] El 25 de julio de 1995 se produjo un atentado en la estación de Saint Michel del metro de París que causó cuatro muertos y más de sesenta heridos, catorce de ellos graves.

parada para un ataque de la Unión Soviética, ¿cómo no va a poder estarlo para defenderse de esta nueva insidiosa amenaza? Lo que pasa es que los métodos tienen que ser diferentes. Yo he vivido la experiencia de la Guerra del Golfo, y estoy convencido de que lo primero que hay que hacer es crear un mecanismo que ponga en común la información disponible, aunque no soy optimista al respecto. En la lucha contra la criminalidad organizada, de la que el terrorismo es una manifestación, la más dura, la más cruel, el 85 por ciento de la tarea es información, y el resto operatividad, derivada de una buena información. La mayoría de la información necesaria está disponible, pero dispersa. La nueva articulación en materia de seguridad del orden internacional pasa por la definición de la amenaza y de los instrumentos para combatirla. Y no estoy hablando todavía de las causas profundas de este mal, sino del mal en sí y de la manera de reducirlo. Todo lo demás, por importante que sea, permanece en segundo plano.

J. L. C.: —El terrorismo internacional busca apoyos entre las masas de desheredados de la tierra, los países del tercer mundo, las naciones árabes, muchas de las cuales agonizan bajo regímenes tiránicos que, en nombre de Alá, manipulan los sentimientos del pueblo y lanzan a sus individuos a aventuras suicidas. Yo estoy seguro de que por mucho que se consiga militar o policialmente contra el terrorismo, éste prevalecerá mientras no hagamos frente a lo que he definido como la política del odio, a la propaganda, desde la escuela, desde el púlpito, de determinadas ideologías excluyentes que tratan siempre de identificar un enemigo como justificación de la propia existencia. El terrorismo fundamentalista islámico, como el terrorismo vasco, constituye un ataque contra la democracia y la libertad, contra formas de vida en las que creemos y por las que ha luchado y muerto muchísima gente a lo largo de la historia. Ahora el peligro es que, en los países democráticos, al hilo de la seguridad, crezcan los impulsos reaccionarios, aumente el racismo y se evidencien las tendencias a construir un nuevo tipo de estado policial.

F. G.: —Para conjurar esas amenazas, que son ciertas, es para lo que hace falta dar una respuesta como la que digo. Si se consigue establecer una red de información entre las democracias avanzadas, podrá empezarse a generar confianza en que existe un liderazgo en condiciones de controlar la situación, al margen de las declaraciones. No hay nada más inquietante que ver al presidente de Estados Unidos, después de que no ha podido ir durante todo el día a la Casa Blanca, salir en televisión y decirle al pueblo americano que puede estar tranquilo. Han caído las Torres Gemelas y han destruido el Pentágono, estamos en alerta máxima y no sabemos de dónde nos viene el golpe, pero tenemos la situación controlada. Menos mal. Bush no pudo explicar por qué tenía la situación controlada, porque no sabía lo que había pasado. Las medidas que tomó fueron las únicas a su alcance, medidas de catálogo. Alerta máxima general, como si hubiera un ataque masivo de la antigua Unión Soviética. El espacio aéreo cerrado, todo el que se mueve es enemigo, a derribarlo...

J. L. C.: —Yo de todas formas creo que no lo hizo tan mal, mantuvo cierta dignidad y desde luego estuvo mucho más sobrio que nuestros propios gobernantes a la hora de expresar su dolor y su indignación. El caso es que, junto a la catástrofe en términos de pérdida de vidas humanas y bienes materiales, la situación ha agudizado enormemente, también, las tensiones financieras, y se debilitan las esperanzas respecto a una temprana mejora de la economía.

F. G.: —La recuperación del liderazgo tiene mucho que ver con la creación de un cierto clima de confianza en materia económico-financiera, y con la necesidad de remediar o aliviar las consecuencias sociales de la crisis que estamos viviendo. El segundo esfuerzo necesario —después del de información— es actuar para restablecer esa confianza en medio de una crisis que se agravará, porque no ha sido provocada por los atentados, que son sólo, repito, un catalizador gigantesco del problema. Pero, paradójicamente, debido a que ese catalizador existe, a que hay un parón brusco y dramático originado por el terror, quizás ahora podamos construir una reacción más ordenada. Obviamente es preciso, entre otras cosas, disminuir los tipos de interés y mantenerlos en ese nivel de forma perdurable, inyectar liquidez al sistema, y tomar medidas específicas que animen a los sectores más amenazados y eviten una recesión en cadena, que podría acabar destruyendo millones de empleos en Occidente. Por tanto, con gran dolor de corazón para los profetas de la nueva economía, creo que habrá que reeditar a Keynes, aunque sea en variables adaptables a las nuevas circunstancias. Pero ninguna de esas medicinas servirá si no vienen precedidas de las actitudes políticas. Porque ahora lo que reclaman los mercados financieros es saber quién manda, dónde está el poder en la globalización.

J. L. C.: —Algunos han evocado el conflicto entre civilizaciones de Huntington como la teoría más plausible de lo que nos aguarda. Junto a los peligros de que el equilibrio entre seguridad y libertad se vea perjudicado a favor de la primera, en las democracias, está el aumento de la tensión en las relaciones internacionales. Me parece que tanto como la seguridad sigue siendo importante la solidaridad, aunque no sea el mejor momento para recordarlo.

F. G.: —Es evidente que hay un incremento de la tensión mundial. Occidente se muestra aterrorizado. No sólo Estados Unidos, sino todos los países desarrollados, que coinciden con la civilización, llamémosla occidental, más o menos cristiana, que por lo demás puede ser tan salvaje como cualquier otra, según enseña la historia. Esa área del planeta pide medidas de seguridad a cualquier precio. Pero hay un mundo no occidental, el tercer mundo, el de los países islámicos pobres, que tiene igualmente miedo, aunque está acostumbrado al sufrimiento y disfruta con los problemas de Occidente, al que considera su enemigo directo. Por eso siente que los atentados pueden ser una especie de reparación, de compensación. Dos estados de ánimo diferentes, en los que el común denominador del miedo va a multiplicar la tensión. Para evitar esto, la obligación de los dirigentes políticos es distender lo más rápidamente posible, ser muy selectivos en la respuesta armada, no confundir a los asesinos concretos con todo el Islam, con los árabes, con los que tienen otro color... Es preciso hacer un enorme esfuerzo por disminuir las tensiones regionales, las que sean, y comprender que el conflicto palestino-israelí tiene una capacidad potencial de expansión infinitamente mayor que casi cualquier otro de los que ahora existen. Por eso es tan urgente su resolución.

J. L. C.: —Creo que en eso estará de acuerdo todo el mundo, pero lo difícil es concretar las medidas precisas que permitan rebajar las tiranteces, en un momento de confrontación bélica como el que se avecina.

F. G.: —No hay una técnica, un procedimiento conocido para acabar con las tensiones mundiales que se están desatando. Por tanto, hay que hacer un esfuerzo coordinado entre actores fundamentales: la Unión Europea es uno de ellos, y dentro de la Unión Europea recuerdo que lo que funcionaba antes, y ya no, eran cuatro personas, cuatro líderes, coordinados para hacerse cargo del guión, equivocado o acertado, pero definido y concreto. Junto a ella, Estados Unidos y Japón, en lo que pueda. China es un caso aparte, un mundo diferente. Estarán dispuestos a ayudar, pero la resolución del conflicto, por el momento, no les compete. El caso es que hay que crear un clima distinto que evite ese choque de civilizaciones al que te referías.

J. L. C.: —Podríamos convenir en que las respuestas urgentes que la sociedad mundial espera y desea, en medio de esta crisis, son: mayor seguridad, creando redes de información más eficientes; medidas que generen confianza en el futuro de la economía, y un esfuerzo de distensión en las relaciones internacionales, pese a las inevitables acciones bélicas que puedan darse.

F. G.: —Finalmente, hay una cuarta respuesta, a partir del reconocimiento de que los dividendos de la paz, de los que hablaba ya el viejo Bush, parecen retrasarse y no sólo no hay un nuevo orden, sino que tenemos ante nosotros un nuevo y auténtico desorden internacional. Este desorden de la globalización, que sustituyó al equilibrio del terror del orden bipolar, ha de organizarse para ser gobernable, para que disminuyan las injusticias que sus efectos produce, globalizando también el progreso y el bienestar. Hace tiempo que se veía venir el estallido de los movimientos antiglobalización. A pesar de que incurren en el error de confundir el fenómeno de una nueva realidad con una alternativa, están cargados de razón cuando denuncian los efectos injustos de la nueva economía. Está, además, el problema de los grupos violentos, que no se puede resolver a base de que los líderes mundiales se reúnan en un barco o en las montañas canadienses, para que no haya líos callejeros y no les molesten. Es como si cerraran todo un campo de fútbol porque hay un uno por ciento de gamberros entre los espectadores. Ésa es la renuncia a defender principios generales básicos del ejercicio del poder político. Y para colmo, los perjudicados son los antiglobalizadores no violentos, los que denuncian unas injusticias que eran previsibles, porque no se pusieron en marcha los mecanismos para evitarlas. Traté de explicarlo así, hace tres o cuatro años, a los dirigentes de la Internacional Socialista, pero los representantes de Blair y Jospin me pidieron que rebajara el nivel de la denuncia en el documento que presenté a la organización. Según algunos expertos, no había que exagerar, era preciso hablar de la exclusión, pero no de la pobreza, que es el único término que entienden los pobres.

J. L. C.: —Siento que en este punto retomamos de nuevo los temas generales que nuclearon nuestra conversación en El Obispo. Es como si la masacre indiscriminada de las Torres Gemelas hubiera puesto de relieve, una vez más, la fragilidad y la incertidumbre en que se desenvuelven las democracias. Habíamos decidido, desde el principio, titular este libro con esa frase robada a Sanguinetti sobre el futuro, y qué verdad es que éste se muestra cada día más diferente, confuso e indefinido. Parece que todos los principios y valores en los que creíamos se ven amenazados de derrumbe, como las propias torres neoyorquinas, al menor impacto de cualquier objeto volante

EL FUTURO NO ES LO QUE ERA

sin identificar. No nos vale casi nada de lo que, en su día, aprendimos, y la imprevisibilidad de nuestras vidas es hoy mayor que nunca. Lo importante es no considerar esta característica como una amenaza sino como una oportunidad, y aventurarse en el riesgo del mañana, sabiendo que, si nos lo proponemos, nos ha de deparar una humanidad mejor.

Bajo la conmoción,
por Felipe González

Como un cataclismo sin precedentes en la violencia terrorista, ha caído sobre nosotros la serie de ataques suicidas contra las Torres Gemelas de Nueva York y el Pentágono. Nunca como ahora se justifica el título de esta reflexión conversacional que veníamos manteniendo: *El futuro ya no es lo que era.*

El epílogo tampoco puede serlo, porque el propio diálogo era un repaso de lo acontecido en estas dos largas décadas de la transición española, con permanentes reflexiones sobre el vertiginoso cambio de civilización que está provocando la revolución tecnológica y la necesidad de reaccionar buscando un nuevo paradigma político, económico, de seguridad y sociocultural.

La brutalidad indescriptible de los atentados, cuya contemplación ha mantenido ante las pantallas de televisión a más de mil millones de seres humanos de todos los continentes, incrédulos ante lo que veían, angustiados ante las consecuencias, conscientes de pronto de la fragilidad de nuestra convivencia en libertad, abre una era nueva. Ya estaba aquí, ya producía esa desazón que los franceses definen como *malaise,* y que en nuestra lengua sentimos como un desasosiego, pero no sabríamos definirlo, ni explicar sus causas.

EL FUTURO NO ES LO QUE ERA

Hace seis años, empecé a analizar los efectos que estaba produciendo eso que se ha dado en llamar «la globalización», tanto en la realidad de la información mundial, cuanto en los aspectos económicos, comerciales y financieros, en amplias áreas del planeta. Observé ya entonces las consecuencias de estos fenómenos vertiginosos en el comportamiento del Estado-nación, ámbito de realización conocido de nuestras democracias y de su soberanía, además de su identidad en muchos casos. Y, finalmente, me aproximé al estudio de lo que esta nueva realidad que se iba imponiendo, aunque no la reconociéramos, significaba en el «orden» —devenido en «desorden»— «internacional». Héctor Aguilar Camín publicó una exposición mía acerca de estos temas en la cátedra Julio Cortázar, en la universidad mexicana de Guadalajara, bajo el título de *Los siete asedios de la globalización*. Pero no quedé tranquilo después de aquello, porque veía precipitarse acontecimientos que escapaban a la conciencia de los responsables políticos, así que intenté avanzar en el análisis, señalando cuatro problemas clave de nuestro mundo a los que es preciso dedicar atención específica.

El primero es el de los flujos migratorios, alentados por la mezcla explosiva de una información mundializada, disponible en tiempo real por miles de millones de seres humanos, al tiempo que la riqueza se ha ido concentrando en pocas manos y en pocas zonas, aumentando las distancias de renta entre individuos y sociedades. No hay barrera policial capaz de frenar, en las fronteras de la abundancia, a la masa humana de los desfavorecidos que, seducidos por lo que les muestran las imágenes de televisión, deciden huir de su destino, de su condena a la miseria. No es posible que circulen, con creciente liber-

250

tad, los capitales, las mercancías y los servicios, en volandas de la revolución informacional, y pretendamos, al mismo tiempo, fijar a la gente en territorios destinados a la marginalidad, salvo que sean turistas, hombres de negocio u otros poseedores del bienestar. Por si fuera poco, estos flujos se hacen progresivamente femeninos, desarticulando sociedades familiares organizadas en torno a la mujer. El problema de la incorporación de ésta a la sociedad es el segundo de los que aparecían como fundamentales para comprender los desafíos de la nueva era.

El tercero se refería a una cuestión clásica de la fase madura de las sociedades industriales, un tema que, con fuerza insospechada, se afirma más y más gracias a la información hoy disponible. Me refiero al equilibrio entre desarrollo y conservación de la naturaleza. Naturaleza inocente, incluso cuando produce catástrofes con graves consecuencias humanas. Inocente también, que diría Octavio Paz, cuando nos regala toda su fuerza creadora. Creación y destrucción inocentes, salvo las que provienen de la acción humana, que está cargada de intención o de responsabilidad, para lo bueno y para lo malo.

Y, finalmente, he dedicado un esfuerzo especial al problema de las identidades culturales, o étnico-religiosas, que tanto tienen que ver con la exacerbación de algunos nacionalismos y con los brotes de violencia más salvaje de las últimas décadas. Tratando de contraponer al choque de civilizaciones anunciado por Huntington, y entendido por muchos como inevitable, la idea fuerza de la cooperación, del diálogo entre culturas diferentes, entre creencias diversas, en un esfuerzo constante de comprensión de la otredad, he conversado a lo largo y a lo ancho de Europa, África, América (Norte y Sur), e incluso Asia, con exponentes de todas las culturas, con responsables políticos de credos diferentes, con nuevos actores de la globalización como empresarios y tecnólogos. Pero las conclusiones, en este tema, del que pende la convivencia en paz, o la acumulación de nuevas tensiones arrastradas por odios y venganzas, y del que pende, asimismo, el concepto de democracia liberal que disfrutamos, son, con frecuencia, imposibles. Parece como si nuestro esfuerzo fuera el de andar un camino en círculo, sin principio ni fin, que conduce finalmente a una cierta melancolía.

¿Estaremos abocados inevitablemente a un choque de civilizaciones? A lo largo de la conversación de El Obispo aparece este tema con insistencia, con escasos resultados o conclusiones, en el intercambio entre gente tan próxima —aunque le cueste reconocerlo— como Juan Luis Cebrián y yo mismo. Los terribles atentados del 11 de septiembre y la oleada de indignación, de demonización del otro, del diferente, que están produciendo, parecen avalar una respuesta afirmativa.

Pero yo estaba insatisfecho con los análisis de las consecuencias de este fenómeno, porque no llegaba a definirlo ni a ver sus causas con claridad, y no comprendía la razón del desasosiego en las sociedades del éxito, ya que lo único evidente era la explicación de la desesperación en las del fracaso o la marginación, de modo que he seguido indagando. La rebeldía conmigo mismo no me deja disfrutar de esta «jubilación» de puestos de responsabilidad en la política, en primera persona.

Me explico el estado de ánimo de mucha gente, aparentemente receptora de los beneficios de la sociedad industrial y que disfruta del espacio de oportunidad de la nueva sociedad de la información, pero enferma de *malaise*, de incertidumbre, de desconfianza respecto a la política y los políticos, con un relativismo no comprometido que debilita la democracia. Somos seres históricos. Lo que sabemos, lo que nos transmiten nuestros padres, nuestros maestros, son prácticas adquiridas, creencias codificadas, explicaciones del mundo que pertenecen a una experiencia compartida. Aún hoy, en las comunidades más desarrolladas, seguimos teniendo raíces en la sociedad agraria de nuestros abuelos o tatarabuelos, a pesar de dos siglos de industrialización. Cambiar el código de señales que nos sirve para orientarnos en la nuestra, aprender a estar parados frente al mundo —en la terminología latinoamericana— lleva el transcurso de muchas generaciones. Han pasado ya bastantes hasta identificarnos con la sociedad industrial y con la patología que la acompañó, maravillosamente descrita por Charlot en *Tiempos modernos*. Aquel cambio histórico tardó dos siglos en producirse, a pesar de que ha sido percibido como algo veloz e intenso para el ser humano. Algo más de doscientos años duró la conformación de la sociedad industrial, sin que haya alcanzado a amplias zonas del mundo.

Vista así, la desestructuración del ser histórico que somos, ante el paso vertiginoso —en una generación— de la sociedad industrial a una que aún denominamos, balbuceantes, como informacional, o del conocimiento, produce lógicamente angustia, desasosiego. Sabemos que la realidad que fue, la que sirve para orientar nuestras decisiones vitales, ya no es. Percibimos que lo que aprendíamos para enfrentarnos a los desafíos del mundo conocido ya no es útil, y nadie nos explica el nuevo código de comunicación, de guía, en este complicado tráfico de la globalización. Si lo que era sabemos que no será, pero no imaginamos lo que va a ser, el estado de ánimo es incierto y la apelación a los absolutos emerge con fuerza inusitada. Por eso, el futuro que ya está aquí, no es lo que era, como decía Julio María Sanguinetti, comentando estas reflexiones, en el Foro Iberia-América Latina.

Me parecía irrelevante seguir discutiendo si la globalización es o no un fenómeno de nuestro tiempo. Si viene de otras globalizaciones o es nueva. Si existe o no existe. Si estamos ante una nueva realidad o la tenemos que considerar una alternativa que, por serlo, podríamos rechazar. Intenté penetrar en las causas de este cambio vertiginoso de nuestra existencia, lo llamemos como lo llamemos, y he llegado a la conclusión de que el motor es la revolución de la información. Otras revoluciones ha habido a lo largo de la historia, pero esta ha producido, por primera vez, comunicación entre los seres humanos de cualquier rincón del planeta en tiempo real. La superación de la barrera del tiempo y del espacio para comunicarse con el otro cambia la naturaleza de las relaciones entre los hombres. Einstein sería capaz de enmarcarlo en una dimensión comprensible.

En una conversación con Gorbachov, insistí en situar la crisis y caída estrepitosa de todo el poder soviético en el marco de esta reflexión. El derrumbe del muro liquidaba el siglo XX, hacía evidente la superación de la sociedad industrial y explicaba que un poder como el de la URSS, con dominio sobre medio mundo, pudiera haber llegado a su cenit —finales de los años cincuenta— y a su destrucción —comienzos de los noventa— en el plazo de una generación de seres humanos. Esa a la que pertenecemos la gente como Juan Luis Cebrián y yo mismo.

1989 marcó el final de algo: un sistema, un orden internacional, un siglo terrible, pero no fue el comienzo de otra cosa, salvo de la incertidumbre. El principio de la nueva era, un principio tan espantoso como pocos acontecimientos de los que me tocó vivir, se sitúa en el 11 de septiembre. Un despertar apocalíptico que ha hecho aflorar en minutos un mundo diferente. Nada será igual en adelante, empezando por la seguridad. No es momento de hablar del escudo antimisiles, pero nadie dejará de preguntarse para qué hubiera servido en esta ocasión, de haber estado disponible.

Cuando veía las imágenes de los atentados, en el momento en que las primeras sospechas recaían sobre Bin Laden, en mi cabeza retumbaba otra conversación que tuve con Gromiko en la primera mitad de los ochenta. Todavía hablaba con Mister Niet, el todopoderoso y misterioso personaje que había sobrevivido a tantas turbulencias internas del poder soviético. El diálogo, en Moncloa, transitaba por los cauces previsibles a pesar de mi empeño por sacarle al personaje algo más que las respuestas de carril. Discurrimos por la realidad internacional con las paradas habituales: Cuba, la Comunidad Europea, el desarme, la nueva política de Reagan..., hasta que aterrizamos en uno de los temas inevitables: la intervención soviética en Afganistán a fin de apoyar al régimen aliado de Kabul, amenazado por una guerrilla islámica. Por unos momentos mi denuncia de la invasión tornó el intercambio, que había tenido cierta aspereza en relación con Cuba, en algo aún más tenso, pero, por fortuna, menos protocolario.

«Estamos haciendo —decía Gromiko— el papel que EE UU no quiso desempeñar en Irán, cuando dejó caer al Sha, permitiendo la llegada al poder del fundamentalismo de Jomeini. No lo reconoceré en público, pero esa irresponsabilidad nos ha llevado a tener que detener esta oleada integrista en Afganistán. No nos va a suceder como a EE UU en Vietnam *[la historia demuestra lo contrario]*, a pesar de que es lo que ustedes, los occidentales, esperan, y están ayudando a los que tratan de desestabilizar al Gobierno de Kabul. Le ruego que recuerde lo que le voy a decir, porque usted es mucho más joven que yo y lo vivirá. La amenaza que combatimos en Afganistán nos afecta directamente, pero no es sólo una amenaza contra nosotros. Ustedes están igualmente afectados por este fundamentalismo. Nosotros estamos haciendo el trabajo, y un trabajo sucio, para ustedes y para los americanos».

Es probable que el antiguo aliado de Estados Unidos sea ahora su principal enemigo. Es seguro que no siempre funciona ese lema de «el enemigo de mi enemigo es mi amigo». Si Bin Laden y sus grupos de terror organizados y diseminados por el mundo occidental son los responsables de los atentados, la lucha será complicada y larga. Algunos países del entorno en que se entrena se sienten obligados a comprar seguridad frente a ese terror, o bien mirando hacia otro lado, o directamente pagando precio frente a la amenaza.

Europa, especialmente, pero también Japón, tiene una deuda de gratitud con Estados Unidos, que han mostrado su solidaridad con las democracias en las dos grandes guerras mundiales, que no provocaron ellos. Esta deuda lleva a los europeos a solidarizarse con el dolor americano y a participar en la respuesta contra los ataques. Es lógico no sólo por agradecimiento, sino porque la amenaza es común. Al menos esa parte de la cita de Gromiko debería ser retenida.

Pero la verdadera solidaridad, el compromiso de Europa, no tiene que confundirse con una incondicionalidad lacaya. La condición, éticamente exigible, pasa por la eficacia, por acertar en la identificación de los responsables y coordinar los esfuerzos necesarios para que paguen por lo que han hecho. Demonizar identidades, o creencias, o culturas diferentes a la nuestra, para convertirlas en el enemigo, generaría una escalada del odio y de la incomprensión, con más violencia añadida, de seguro.

Y aquí termino esta reflexión río, que podría ser interminable, como la conversación con Juan Luis Cebrián, cuyo epílogo debería haber escrito, pero de ello se han encargado los profetas del terror. Y me detengo pidiendo excusas a los lectores y a mi interlocutor porque, aun coherente con las reflexiones del libro, éste no era el final que tenía en mente, sino otro que fuera el relato de los inevitables vacíos que toda verdadera conversación produce, al tiempo de insistir en la necesidad de ir más al fondo de tantos y tantos temas, apenas sugeridos.

En todo caso, deseo que sepan que ésta ha sido una conversación de pasado y de futuro, que huye de la nostalgia por ello, pero también recupera las vivencias de una generación. Se trata, en ese sentido, de una conversación generacional, que fue poniendo de relieve, acreciendo y resaltando, los elementos comunes de los interlocutores a los pocos minutos de empezar a grabar. Y si es generacional, como la siento, pertenece a una generación que tuvo la suerte de hacer historia. La historia del tránsito entre el autoritarismo y la democracia. La historia de la modernización de España tantas veces aplazada. La historia de la superación de la política del rencor en la que andábamos inmersos y en la que, tal vez, estemos recayendo.

En fin, de estas y otras cosas quería hablar en mi reflexión de cierre. Pero ¿quién podría hacerlo bajo el impacto del horror inmediato, que cubre todo el espacio y todo el tiempo de nuestra mente?

Este libro
se terminó de imprimir
en el mes de diciembre de 2001,
en los talleres gráficos de
Mateu Cromo, S. A. (Pinto, Madrid).